Instituto Andaluz de las Artes Plásticas y Visuales

INICIARTE

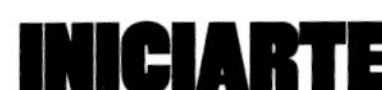

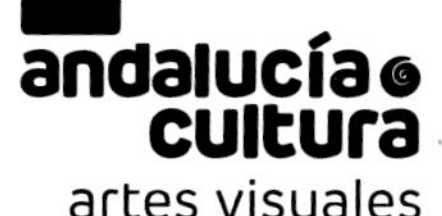

MESSAGES OF THE COLLISION

Isabel Bonafé

Junta de Andalucía

Consejería de Cultura y Deporte

Agencia Andaluza de Instituciones Culturales

JUNTA DE ANDALUCÍA

Consejera de Cultura y Deporte
Patricia del Pozo Fernández

Viceconsejera de Cultura y Deporte
María Esperanza O'Neill Orueta

Secretario General de Innovación Cultural y Museos
José Ángel Vélez González

Delegado Territorial de Turismo, Cultura y Deporte en Granada
Fernando Egea Fernández-Montesinos

Gerente de la Agencia Andaluza de Instituciones Culturales
Francisco Javier Rivera Rodríguez

Directora del Instituto Andaluz de las Artes Plásticas y Visuales
Lorena Codes Romo

UNIVERSIDAD DE GRANADA

Rector Magnífico
Pedro Mercado Pacheco

Vicerrectora de Extensión Universitaria, Patrimonio y Relaciones Institucionales
Margarita Sánchez Romero

Director del Centro de Cultura Contemporánea La Madraza
Antonio Collados Alcaide

PROGRAMA INICIARTE

Agencia Andaluza de Instituciones Culturales

Comisión de Valoración de Proyectos 2024:

Arturo Comas, Jorge Yeregui, María Cañas,
Leonor Serrano y Óscar García García

EXPOSICIÓN

Sala Torreón. Palacio del Almirante. Granada

Producción

Agencia Andaluza de Instituciones Culturales

Eva González Lezcano
Eva López Clavijo

Montaje

Omeya Vanguardia S.L.

CATÁLOGO

Edición

Consejería de Cultura y Deporte. Junta de Andalucía

Textos

Bea Espejo

Traducción

Deirdre B. Jerry

Fotografías

Ignacio Ordóñez Falcón

Diseño editorial

Isabel Bonafé
Francisco José Romero Romero
Agencia Andaluza de Instituciones Culturales. Diseño

Producción

Agencia Andaluza de Instituciones Culturales

Imprime

Innovación y Cualificación S.L.

© de los textos: sus autores
© de la edición: Consejería de Cultura y Deporte. Junta de Andalucía
© de las reproducciones: sus autores

ISBN 978-84-9959-516-0
Depósito Legal: SE 494-2025

Índice

Messages of the Collision es el proyecto que Isabel Bonafé presentó a la convocatoria de apoyo a la creación joven Iniciarte 2024. Su trabajo se sitúa dentro de los nuevos lenguajes del arte contemporáneo, utilizando medios como la computación y la fotografía digital para advertirnos que vivimos en una época en la que depositamos una confianza ciega en los bits de información que conforman el universo digital, olvidando su fragilidad: un ecosistema que, en cualquier momento, puede colapsar y arrastrar consigo todo lo que en él almacenamos. También pasamos por alto que, incluso en el ámbito de lo intangible, nada desaparece por completo.

La propuesta artística busca alterar la percepción tradicional del espacio expositivo: elimina el contexto habitual de la sala al sumirla en la oscuridad, inunda el ambiente con el sonido del mecanismo interno de un disco duro y establece un juego de bidireccionalidad entre la configuración interna de la pieza y la experiencia del espectador. Bonafé pretende transformar el espacio en el mundo interior de un disco duro averiado, invitando a los visitantes a adentrarse en un entorno de imágenes corruptas, interferencias eléctricas y actividad electromagnética, que evocan los intentos fallidos del dispositivo por leer su contenido.

Patricia del Pozo Fernández
Consejera de Cultura y Deporte
Junta de Andalucía

'Una mirada humanista sobre la tecnología'

En la era digital, la tecnología ha transformado la manera en que capturamos y almacenamos nuestros recuerdos visuales. A través de dispositivos como cámaras digitales y teléfonos inteligentes, hemos acumulado vastos archivos de imágenes que documentan nuestras experiencias cotidianas. Sin embargo, esta confianza en la tecnología para conservar recuerdos plantea cuestiones sobre la durabilidad y la autenticidad de esos registros. De la misma forma, la relevancia de la información que almacenamos sin criterio a la hora de construir la memoria es, cuanto menos, cuestionable. "Cuando todo sea transparente, nadie verá nada", vaticinó Chema Cobo en uno de los aforismos sobre arte que recoge en su libro *Amnesia*.

Al igual que los recuerdos, los formatos de la tecnología que nos permite capturar y almacenar memorias visuales mutan y a menudo quedan dañados, lo que genera imágenes corruptas, confusas, o incluso a veces imposibles de leer. Por tanto, el paso del tiempo puede poner en riesgo la cualidad de la fotografía para congelar la realidad o, como decía Susan Sontag en *Sobre la fotografía*, "para detener el tiempo y organizar el recuerdo". Ésta es la base sobre la que pivota el trabajo de la artista Isabel Bonafé, quien pese a su juventud da cuenta de una sólida trayectoria y estilo personal en las exposiciones individuales que ha presentado hasta la fecha.

En *Messages of the collision*, el proyecto con el que ha sido premiada con la beca 'Iniciarte' del Instituto Andaluz de las Artes Plásticas y Visuales, la artista vuelve a cuestionar la relevancia de las imágenes y su relación con la tecnología desde una perspectiva humanista, centrada en la interacción entre espectadores y obra como centro del discurso. Con una puesta en escena fascinante y una narrativa que recorre los territorios de la memoria y el sentido del paso del tiempo, Bonafé introduce al público en un espacio futurista y delicado, apoyado en un exquisito trabajo matérico y un empleo casi místico de la luz como el origen de todas las cosas. El espectador atraviesa la frontera de lo real para discurrir por el interior de un disco duro corrupto donde una imagen intenta, sin éxito, volver a su estado original.

¿Qué vemos realmente cuando miramos? La fragilidad de lo que somos no puede subvertirse con un registro físico. En *La obra de arte en la era de su reproductibilidad técnica*, Walter Benjamin advierte sobre la pérdida del "aura" original de las imágenes. Con cada reproducción digital, las fotografías pueden perder su contexto auténtico y su significado único, transformándose en simples datos susceptibles de deteriorarse con el tiempo o perderse por completo debido a fallos tecnológicos. En la era digital más que nunca, con la Inteligencia Artificial avanzando ferozmente en todos los sectores, los planteamientos humanistas de Isabel Bonafé son necesarios si queremos mantener viva la capacidad exclusiva de pensar y elegir.

Lorena Codes Romo
Directora del Instituto Andaluz de las Artes Plásticas y Visuales

El viento siempre vuelve y la luz nunca acaba

Bea Espejo

Sabe Isabel Bonafé que el viaje no empieza cuando nos ponemos en ruta ni acaba cuando llegamos a destino. Por eso, seguramente, es normal que salte de una cosa a otra, fiel a ese empuje intuitivo suyo sin gen del arraigo que está más cómodo en estados de tránsito. El dibujo hizo que pasara de un bachillerato de ciencias a las bellas artes, y la fotografía y el vídeo que encontró en la facultad la llevaron hasta Londres, donde se topó con la instalación en la que se reconoció como artista. Su proceso de trabajo es igual de fragmentario como su manera de mirar, vivir y experimentar lo que la rodea, tan intuitivo como caótico. Usando la analogía de Rosi Braidotti, cada uno de sus proyectos son como un campamento: dejan rastro de los lugares por los que ha transitado, en un paisaje que no deja de cambiar.

El suyo está en Sevilla, donde nació en el seno de una familia con los que comparte cosmología artística. Sus abuelos Carmen y Bernardo eran músicos y algunos de sus tíos abuelos tanto por parte de madre como de padre también eran artistas: una era actriz, otra pianista, otro escritor. Su padre es arquitecto, pero ella siempre ha pensado que debería haber sido artista visual o músico, y su abuela Isabel, aunque siempre ha sido ama de casa, también tiene una sensibilidad muy especial. A ella le ha dedicado *En un pensar* (2024), su proyecto desarrollado en la residencia del C3A, en Córdoba, aunque su acercamiento venía de mucho atrás. Desde pequeña, ha ido observado cómo su abuela siempre tiene una servilleta en las manos y cómo hace formas inconscientemente con ella. Luego, se la guarda en la manga del vestido y sigue con sus quehaceres. Un gesto simple que lleva años fotografiando, componiendo un paisaje que empieza mucho antes de la imagen y prácticamente no acaba nunca.

Las ideas vienen de ahí, de emociones muy fuertes que se abstraen con el tiempo y se dispersan por su cuerpo. Detalles de cosas o situaciones que ve diariamente, que aparecen en conversaciones o que encuentra en exposiciones o lecturas. Tiene muchas sobre su mesa. Gilles Deleuze, Maurice Merleau-Ponty, José Val del Omar, Chantal Akerman… Su horizonte intelectual tiene que ver con las problemáticas relacionadas con la memoria y el estatus ontológico de la imagen fotográfica. Su biblioteca está llena de libros subrayados, releídos y llenos de anotaciones en los márgenes, como un diario al que le faltan espacio. También hay libretas donde se amontonan anotaciones, dibujos y citas que viven en otro tiempo distinto, mucho más lento. A veces funcionan como mapas para orientarse en sus proyectos, aunque las ideas evolucionan en el estudio cuando experimenta con los materiales: el papel, el poliéster y la luz. "Aunque el hilo conductor sigue siendo el mismo -explica-, he intentado ir refinando las ideas, los materiales y el modo de producir. Atinar más a lo que quiero expresar con menos. Aunque en mi cabeza no está muy articulado el lenguaje verbal, es en el proceso de trabajo cuando conecto con lo que quiero decir aun sin saber ponerle nombre y apellido. Me vuelve a unir con aquella emoción que una vez sí sabía definir pero que ya está entremezclada con el presente, y de la que solo queda un latido subyacente".

En ese lenguaje está, por encima de todo, el deseo de llegar al corazón de la imagen fotográfica para destruir su calidad de "registro". Esa es su hoja de ruta: "sacar la virtualidad de la pantalla al espacio físico, cuestionar la apariencia de las cosas, trabajar con la presencia de la ausencia, hacer instalaciones que se tienen que observar con el cuerpo presente porque su esencia es imposible de registrar", añade. Ocurre en *Messages of the collision* (2024), su proyecto para el programa Iniciarte. También tiene que ver con un viaje y con su abuela, esta vez Carmen, y el pueblo en que nació y se crio, Yanguas, en la provincia de Soria. Lo recorremos a modo mental como si fuera un laberinto, repasando toda su práctica artística, volviendo atrás y saltando adelante, en una conversación abierta a la magia del desvío.

—¿Cuál es el punto de partida del proyecto?

—*Messages of the collision* nace de un disco duro roto que contenía fotografía de los paisajes que había hecho en Yanguas, el pueblo de mi abuela, y sus alrededores. Cuando abrí el disco duro, vi que la mayoría de las imágenes no se podían leer. Hay algunas que he podido abrir, pero muchas están con *glitches*, es decir, dañadas visualmente. Con la ayuda de mi primo Javier, que es programador, creamos un algoritmo donde la clave no es la atención visual del espectador, sino la detección de los visitantes por parte de la imagen del paisaje (del algoritmo). Una vez que el algoritmo detecta a las personas, intenta recomponer el paisaje partiendo de las imágenes corruptas que se pudieron salvar del disco duro, como rememorando un recuerdo ya oxidado. Del mismo modo que cada vez que recordamos un hecho lo hacemos con matices distintos, la búsqueda del algoritmo para completar la imagen de ese paisaje nunca es la misma. Es parecida, sí, pero el espectador nunca verá lo mismo. Como con nuestros recuerdos.

—En ese momento donde das con ese disco duro, estabas haciendo una residencia en uno de los estudios de Londres, llamado The Koppel Project Hive, tras tu paso por Saint Martins Univeristy, ¿verdad?

- Sí. Me dieron un espacio que era el subsuelo de una galería. Recuerdo que era grande y muy húmedo, y se escuchaba el metro al pasar. Temblaba todo el espacio. Tenía un olor muy peculiar y era un lugar muy frío. En ese espacio pensé cómo sería caminar por los rincones de un disco duro roto, qué pasadizos habría hasta llegar a la imagen perdida, un paisaje irrecuperable, y qué pasaría una vez que la encontrase.

—¿Y la encuentras?

—La imagen del paisaje nunca se llega a descubrir. Siempre se queda en *el intento de*, en una trayectoria infinita.

—Es curioso lo que cuentas del espacio subterráneo bajo el metro y el sonido que se filtraba por esas paredes, porque en *Messages of the collision* el sonido es muy importante también.

—Es lo más intenso. No todo el mundo aguanta mucho tiempo escuchándolo, pero a mí me parece increíble. Es el sonido que produce el disco duro cuando intento acceder a la información. Lo he grabado con una bobina de contacto que recoge la actividad electromagnética.

—Hay dos proyectos anteriores con los que se relaciona directamente, *The 'gerund of touch'* y *Quark.*

—Para *The 'gerund of touch'* generé un algoritmo antecesor al que llamé *Quark*, que buscaba desestabilizar la relación entre una fotografía y el acto de contemplarla. *Quark* era el corazón de fotografías que se autogeneraban en transformaciones aleatorias e irrepetibles cuando alguien las contemplaba, y se restablecían cuando dejaban de ser contempladas. De esta manera, la relación entre imagen y memoria desaparece: la imagen no guarda relación de identidad con su referente fotográfico, ni siquiera consigo misma, y su apariencia no se mantiene en el tiempo, muta aleatoriamente, negando así la estabilidad de la imagen fotográfica que nos tienta a contemplarla como imagen memorística. Aunque fue en este proyecto cuando comencé a trabajar tanto con impresiones de rocas para crear trampantojos, como con la luz para crear pequeños umbrales hacia ilusiones ópticas, es en *Messages of the collision* donde crece mi interés por crear intervenciones en el espacio que den lugar a la duda, a cuestionarse qué es, a estimular al espectador a pararse y observar para intentar descodificar lo que está viendo.

—*Messages of the collision* parte de una información corrupta, de lo que es útil y lo que no. También de la idea de error. ¿Cómo se entrelazan todas estas ideas en tus obras?

—Ahora mismo archivamos casi todas las imágenes digitalmente y el archivo digital tiende a llenar la memoria del dispositivo debido a su inmediatez y accesibilidad, que facilitan la acumulación de información. Con frecuencia, nuestros smartphones nos piden "gestionar archivos y liberar espacio". Cuando esto ocurre, tenemos que elegir qué imágenes eliminar para guardar otras. A veces, nos damos cuenta de que nunca hemos visto algunas de ellas y muchas veces terminamos eliminándolas al azar. Ahí comienza mi interés e investigación sobre la información útil e inútil. Lo que me interesa son los datos latentes que quedan cuando borramos las imágenes de los dispositivos. Eso abrió la investigación que empecé a desarrollar con *The 'gerund of touch'* hasta hoy. Lo que me interesa es recuperar estos datos y crear con ellos una imagen en continuo devenir, como si pudiera recrear recuerdos con las brasas del olvido. Y de eso se encarga el algoritmo *Quark*. Por eso también trabajo con las rocas. Aunque se perciban como sólidas e inmutables van cambiando lentamente con el tiempo. Al final, todo se reduce a cómo construimos el recuerdo. La información de lo útil, inútil y errónea son variables claves de la ecuación.

—Hablemos de *Quark*. Fue uno de tus primeros proyectos importantes conectado, entonces, con tu interés por la fotografía.

—En ese momento, mi relación con la fotografía estaba muy tensa, se estaba deteriorando, marchitando. Le estaba pidiendo demasiado al medio fotográfico. En sí, le estaba exigiendo a la fotografía que fuese la guardiana de mis recuerdos y que mantuviese vivo aquello que ya no existía. Ocurría que las fotografías que tenía no reflejaban mis recuerdos, no eran fieles a ellos. Fue entonces cuando se despertó en mi la necesidad de entrar en el corazón de la imagen fotográfica para alterarla desde su interior, y hacerla más fiel a mis recuerdos o, al menos, hacer añicos su vínculo con la representación. Una fotografía analógica es imagen y objeto a la vez, pero una fotografía digital es una imagen que puede tener múltiples cuerpos. Eso me permitió abrir la fotografía desvelando ambas caras de la imagen. Por un lado, la cara visible, la representación visual de lo capturado con la cámara y, por otro lado, la cara invisible, su interior, el conjunto de bytes que forman la fotografía. Para mí esta fue la magia que encontré en el campo digital: me dio la posibilidad de entrar en la imagen para recrearla. Así nació *The 'gerund of touch'*.

—El tuyo es un trabajo muy circular. Tus proyectos son como piezas que se engarzan unas con otras, donde no sólo hay un mensaje sino capas y capas de información. ¿De qué te interesa hablar?

—Tiendo a indagar en la profundidad que se puede encontrar en la superficie de las cosas, a cuestionar la relación binaria entre el objeto y su apariencia, entre lo visible y lo invisible, entre lo tangible y lo intangible, entre lo físico y lo virtual, entre lo bidimensional y lo tridimensional. Cada vez voy más en busca de lo que rehúye ser visto, del trampantojo, de lo que no se percibe a primera vista, de lo que necesita tiempo de observación para que puedas descodificar el objeto percibido, de lo que requiere pausa, paciencia. Busco cuestionar la apariencia, tener la sensación de tocar con la mirada. Que un centímetro de distancia te cambie la perspectiva de lo que ves. Que tus ojos se acostumbren a ver en un entorno que normalmente no encuentran.

—Hablas, entre líneas, de tiempo y memoria...

—Supongo que estos temas derivan de mi interés por la compleja naturaleza de la realidad y de mi experiencia con la existencia, lo finito o la muerte. Al final no queda ni la memoria. Los recuerdos también se desvanecen tarde o temprano hasta que caen en el olvido o desaparecen.

—Esa aproximación a la memoria, ¿es tu manera de preservarla?

—Más que preservarla, creo que lo que hago es enfrentarme a ella. Enfrentarme a su inmaterialidad, a sus cambios sutiles que nos engañan, a la realidad de que es lo único que queda del pasado y que no se va a mantener en el tiempo. Supongo que es el temor a la nada lo que me hace tocar la compleja naturaleza de un recuerdo. La memoria es esa transición que nos queda desde el vacío que deja lo que ya no existe hasta la nada.

—La luz es algo fundamental en tus instalaciones. Cuéntame por qué.

—Las sorpresas y extrañezas visuales que pueden surgir del encuentro de la luz con todo lo que nos rodea me parecen magia. Me atrevo a decir que la luz es la clave de mi obra. Cuando estoy instalando, es un proceso muy lento y de mucha paciencia y concentración. Tengo que ir probando hasta dar con el lugar preciso donde la luz hace su función. Si la muevo un milímetro todo cambia y es imposible volver a ponerla exactamente en el mismo sitio. Eso me aterroriza y me encanta a la vez, aunque a veces pierda en el proceso momentos mágicos que no puedo recuperar. Por eso mi obra nunca puede estar hecha en el estudio y ser transportada. Sé que puede sonar atormentador, pero a mí me apasiona y tiene mucho que ver con la volatilidad de los conceptos con los que trabajo.

—Pienso en la ilusión óptica que tiene que ver con la luz, pero también con el estatus ontológico del medio fotográfico. Parece un *match* perfecto.

—Gracias a la luz existimos. Según incida en la taza de café cada mañana mis ojos lo percibirán de una manera u otra. Tenemos tantas posibilidades diferentes de ver algo conforme a la reflexión y refracción de la luz... Y eso que el espectro visible es solo una pequeña fracción del espectro electromagnético. Me parece increíble que nuestro día a día esté compuesto por estas maravillas. Estamos tan acostumbrados que lo pasamos por alto. Me fascina el mundo óptico que hay en una superposición de imágenes en la ventana de un tren. O cómo de repente veo un edificio iluminado en la ventana de mi habitación que parece físico pero que no está ahí realmente, sino que procede del exterior que da a la ventana del salón. O cómo la luz natural que entra por las rendijas de la persiana me revela todas las partículas que hay en la habitación. A veces percibo una imagen virtual, un reflejo, como algo físico y palpable. Y, otras veces, percibo lo físico como virtual e intangible. El ser humano siempre ha intentado registrar momentos importantes de la vida. Y la fotografía ha sido tanto una herramienta acertada como peligrosa. Hemos pasado de crear una imagen para el recuerdo a vivir el mundo en imágenes. No podemos ir en contra de la fugacidad del presente. Creo que mi obsesión por intentar preservar el pasado me ha llevado a hacer obras que solo se pueden vivir en el presente, en la experiencia física del espacio expositivo, siendo imposible documentar las ilusiones ópticas que la pieza produce en el espectador.

—Dice Olafur Eliasson que, para entender, habitar y evaluar el espacio, resulta crucial reconocer su aspecto temporal. Que el espacio no existe simplemente en el tiempo; es *del* tiempo. ¿Estás de acuerdo?

—Totalmente. Somos temporalidad y al cohabitar y ejercer acciones más o menos rutinarias en los lugares, sobre todo en los espacios más íntimos, va-

mos recreándonos y ellos a nosotros. Hay un devenir conjunto y continuo. Lo físico se entrelaza con lo emocional, la zona gris entre lo material y lo inmaterial. Tenemos recuerdos asociados a espacios que quizás solo emergen cuando estamos en el lugar o en el entorno que lo propicia. A mí me gusta trabajar ex profeso y crear instalaciones que requieren al espectador su observación y deliberación para elegir un recorrido entorno a la pieza, porque sin la presencia del ojo y su capacidad de percibir sutilizas ópticas la obra se queda incompleta. Crear la obra en el lugar la hace del lugar, de su morfología y, por tanto, de las personas que lo afluyen.

—Hay otra idea común en todos tus proyectos que es la de cierta "revelación", que conecta, a su vez, con la problemática de la percepción, pero también de la ficción...

—Siempre he tenido interés en lo oculto, por lo que no se ve a simple vista, lo que requiere tiempo de observación para ser descubierto. Lo que más me motiva es intentar crear piezas en las que, con un barrido visual superficial, el espectador ve lo que aparentemente hay. Solo quien observa descubre. Por ejemplo, con la obra *La luz no colma el vacío, lo ahueca* (2024), la instalación realizada *ex profeso* para la exposición *Tablao. Escenario de formas en el arte contemporáneo andaluz*, en la capilla de San Bruno en el Centro Andaluz de Arte Contemporáneo de Sevilla lo estoy viendo mucho. Quien se detiene menos se queda en la escultura cónica que sube hasta los casi siete metros de altura. Quien anda por la capilla y observa descubre lo oculto en la hornacina.

—Eso conecta con lo especular, que a veces aparece en tus obras de manera literal y otras veces de manera mucho más velada. ¿Por qué?

—Detenerme en la superficie del espejo es estar en *twilight zone*, en zona gris. Es ese intersticio el que me interesa: la zona gris entre lo que hay y lo que se ve. Lo especular puede hacer que el espectador sea susceptible a trucos perceptivos y a diferentes interpretaciones de la realidad. Y esto me lleva a encarnar conceptos como la levedad, la trampa visual, la ausencia, la materialización engañosa de elementos virtuales, la transformación de la apariencia y la fragilidad.

—La reflexión sobre lo que el arte puede revelar o desvelar conduce a una discusión sobre lo real, hoy enraizada en el imperio de lo *fake*. ¿Cuál es tu posición ahí?

—Creo que se ha creado una gigante y enredad bobina de información de imágenes, no solo fotográfica sino también generada por Inteligencia Artificial, que degenera en un eterno cuestionamiento sobre la verdad y la representación. Yo intento crear piezas que no desvelen "una verdad", sino que se quede en el terreno de lo ambiguo, que dé juego a encontrar múltiples perspectivas y apariencias de la misma realidad. Busco que no se halle la lógica sobre lo que se ve, que se dude de lo que hay. Que haya suspensión, magia, confusión. Que entre en juego la imaginación mediante la pausa y la atención.

—Dice la crítica que analizas lo que hay tras lo que vemos. ¿Has llegado a saber qué es?

—El antropólogo inglés Tim Ingold defiende que la superficie nos da toda la información sin tener que profundizar en las cosas y, si descontextualizamos dichas cosas, su superficie nos muestra una información o una realidad oculta, escondida, latente, subyacente... Así se desvincula superficie de superficialidad. Percibir con conciencia lo que veo, llegar a tocarlo con la mirada, sentir las partículas de su composición... son elementos básicos de mi proceso de trabajo en el estudio. Eso es lo que realmente me interesa: que detalles de la obra conduzcan al espectador a lo que subyace sin abandonar la piel de la superficie.

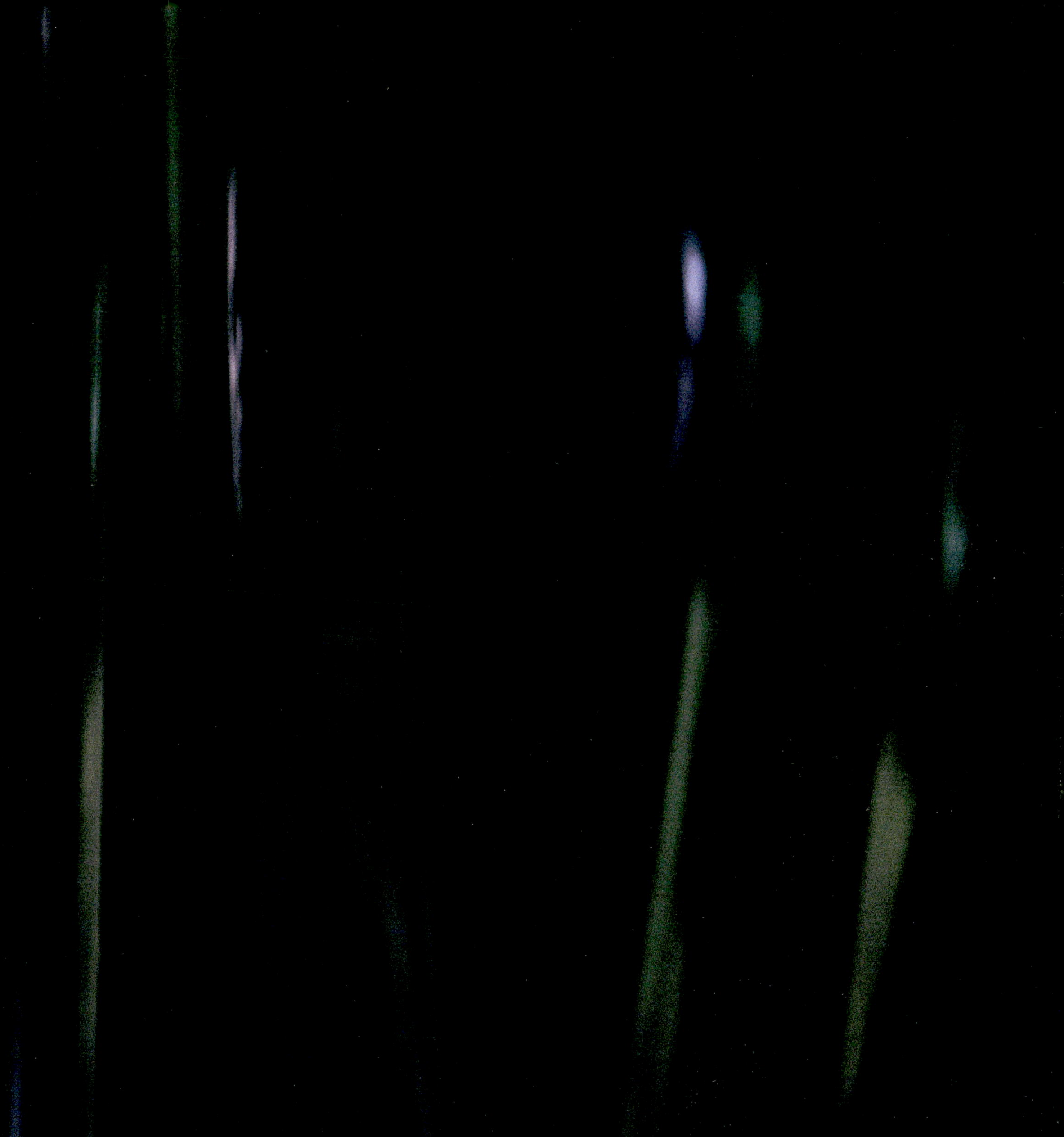

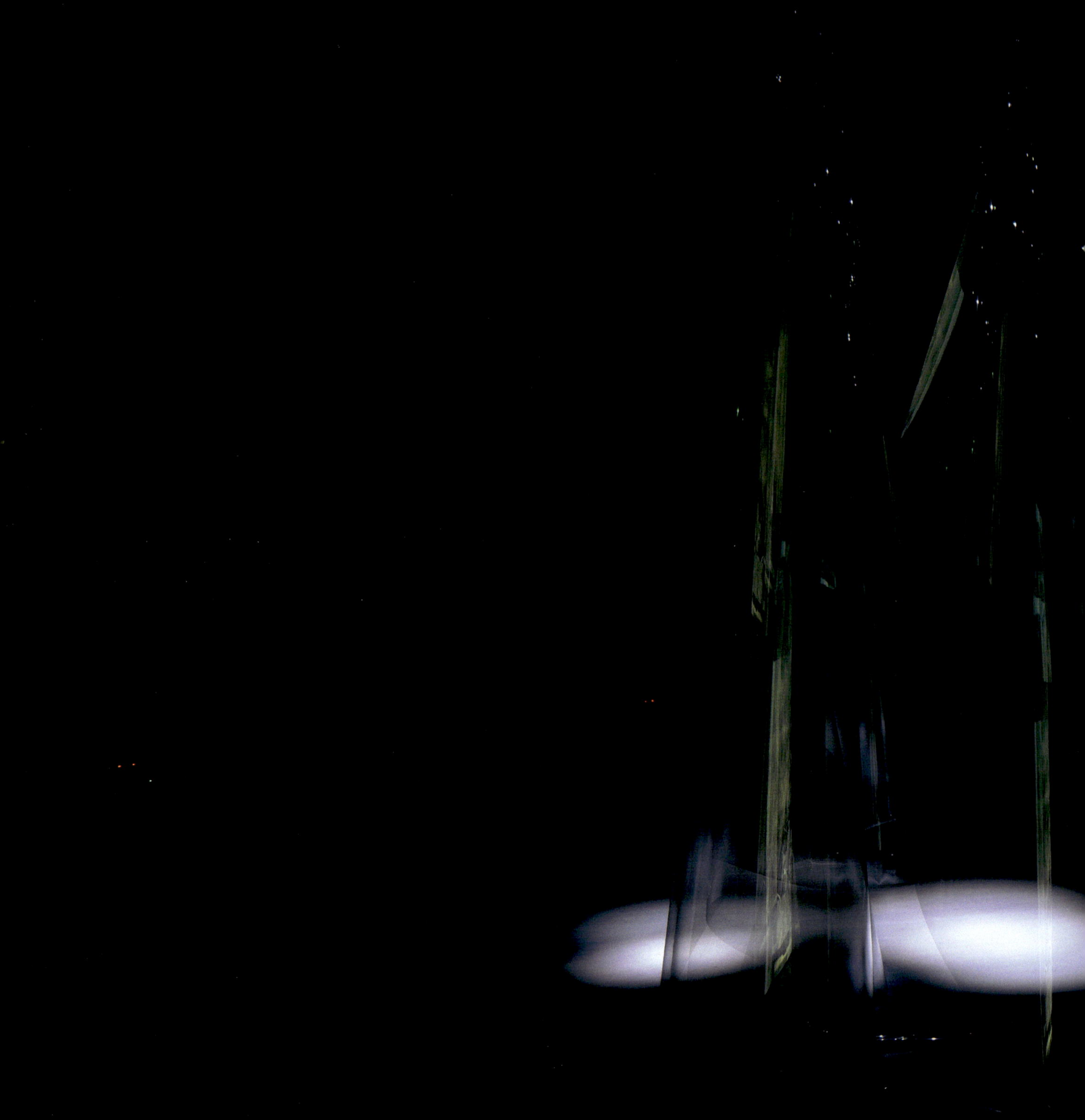

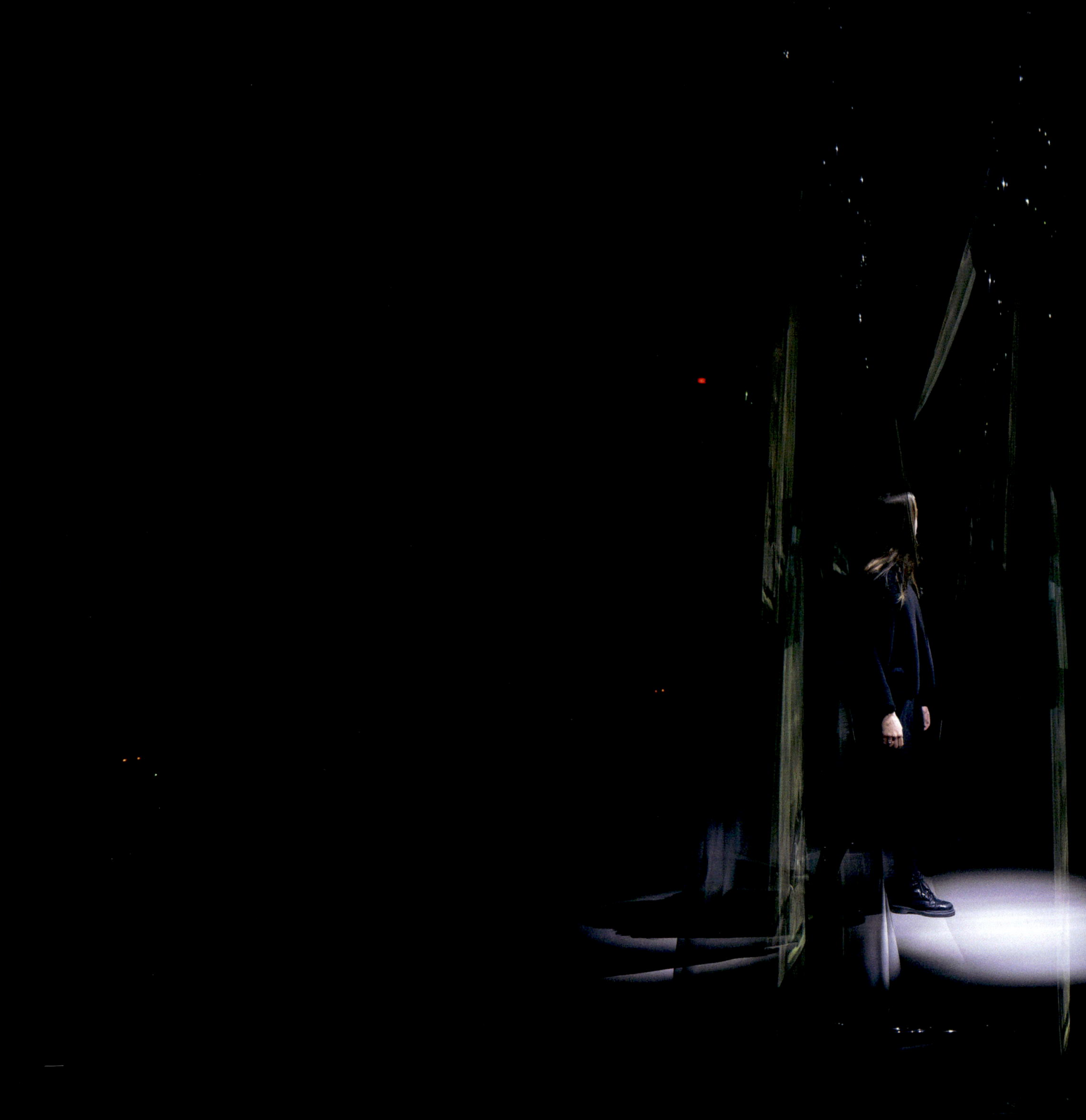

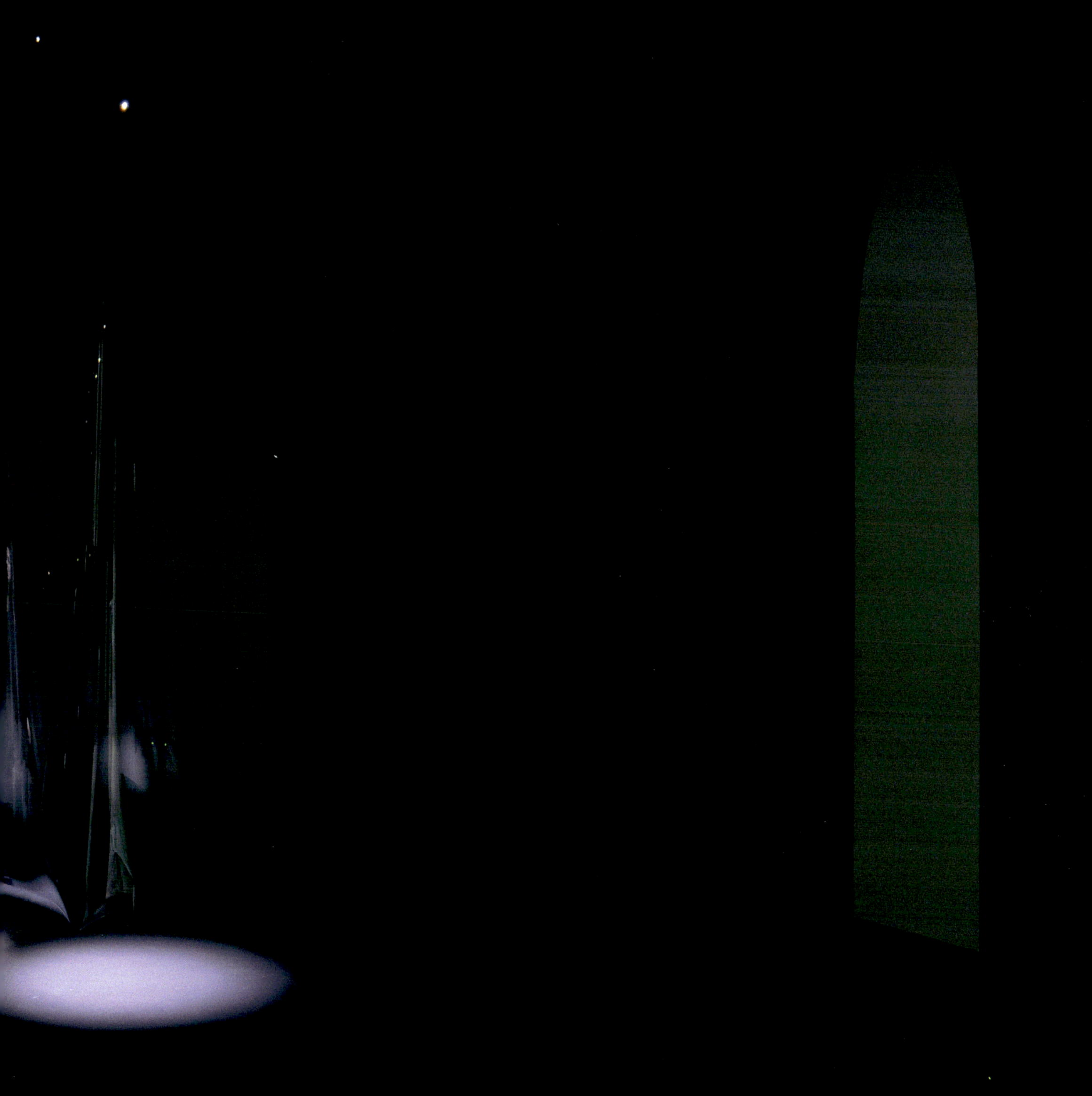

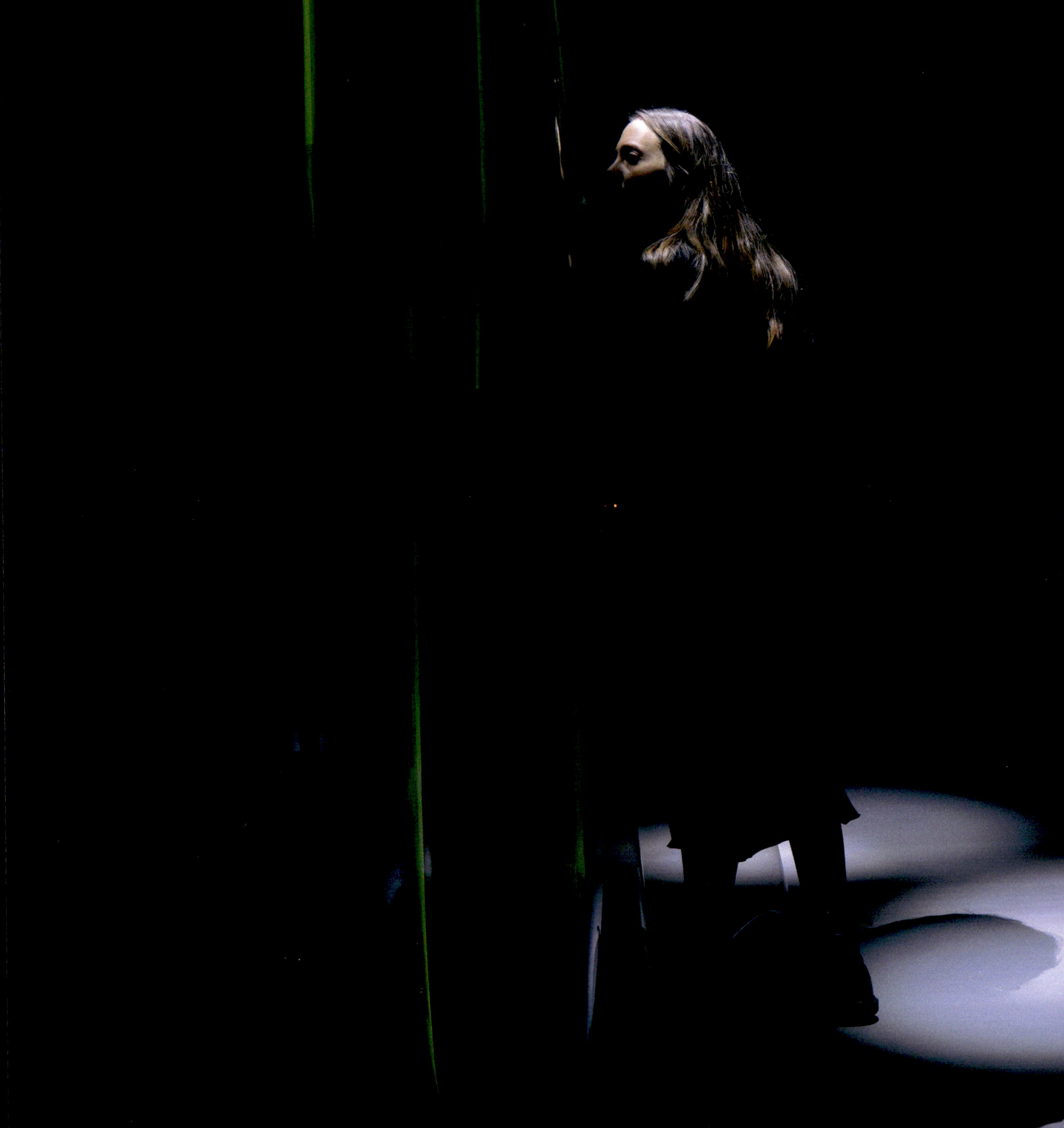

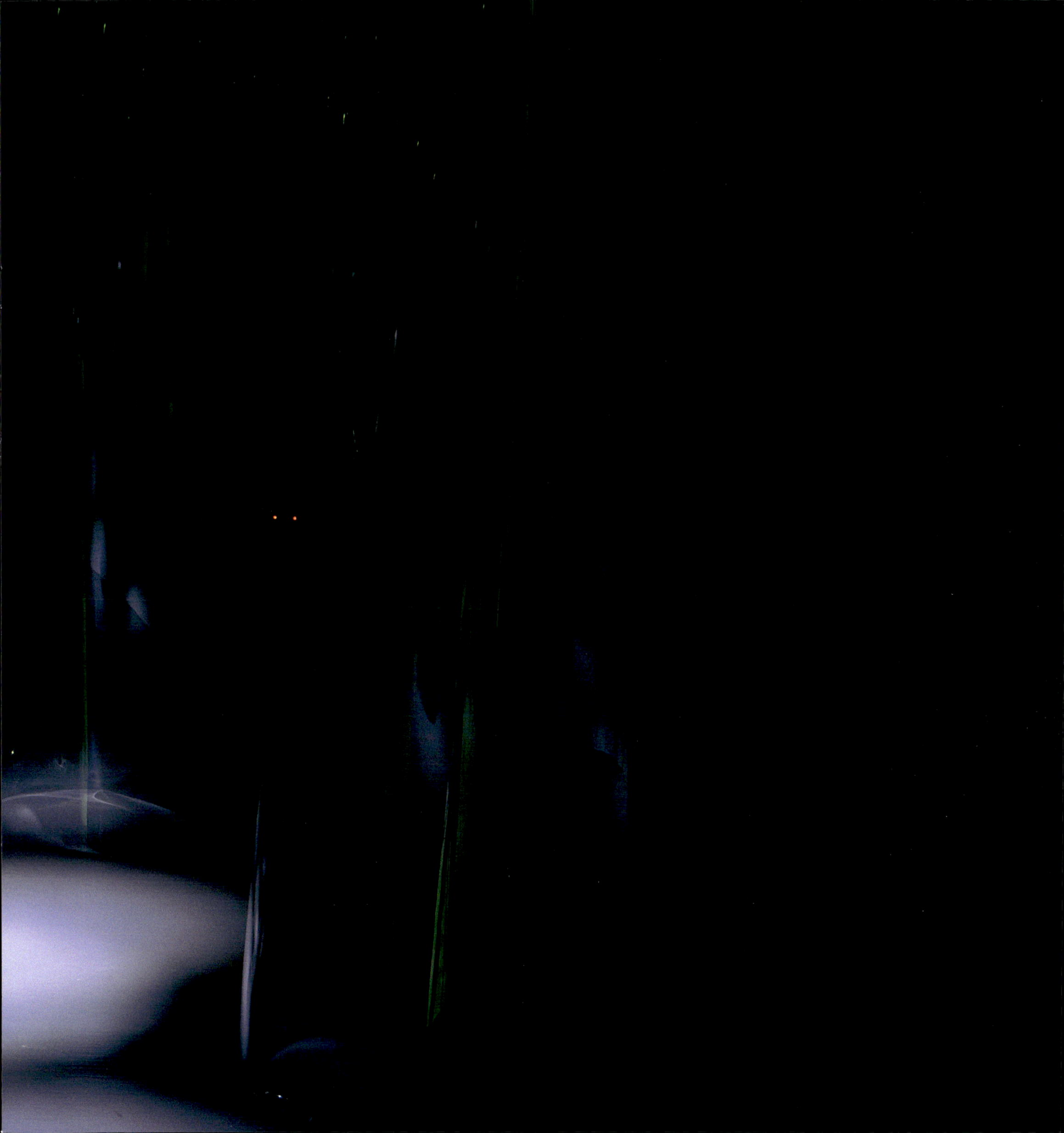

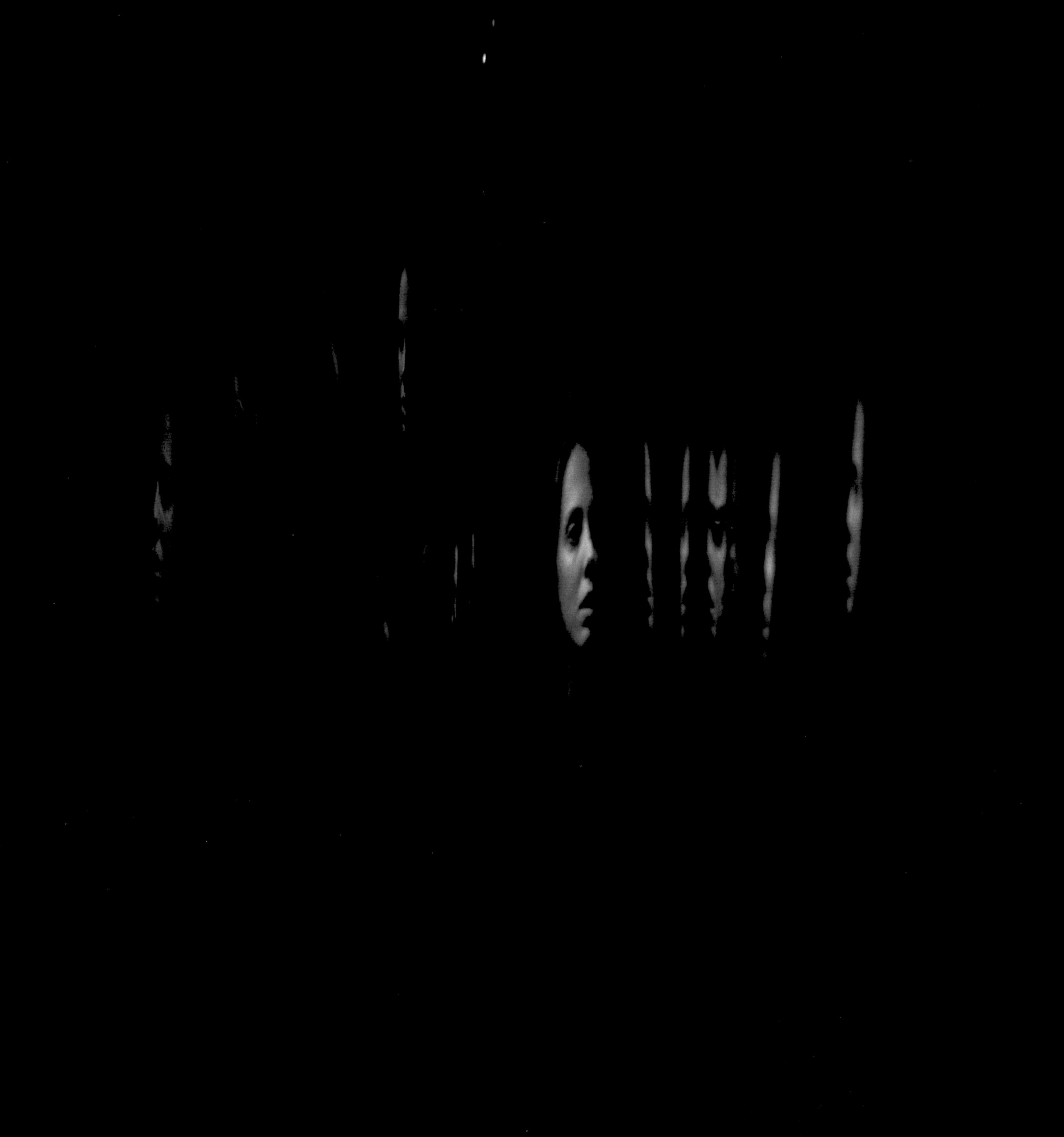

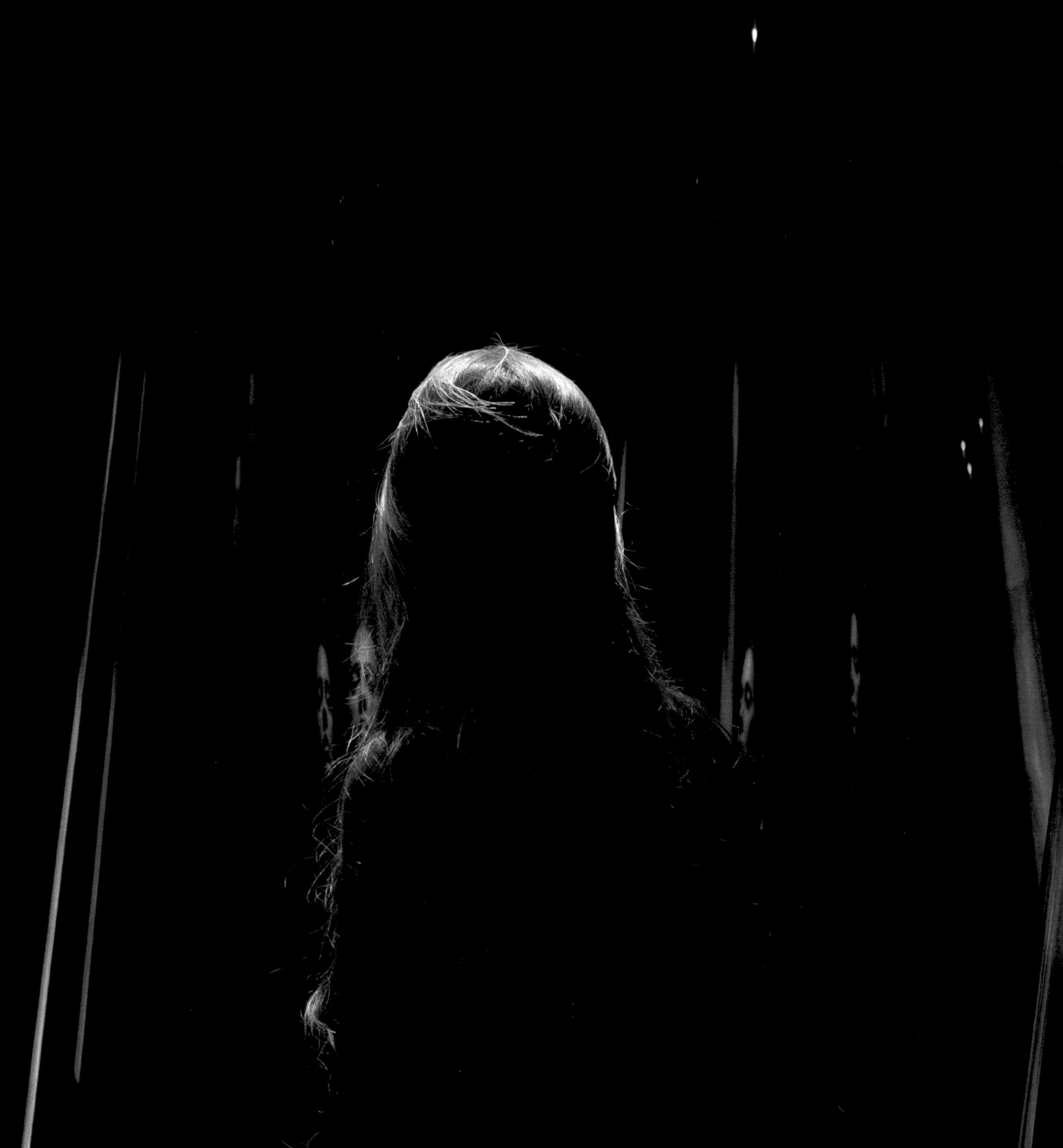

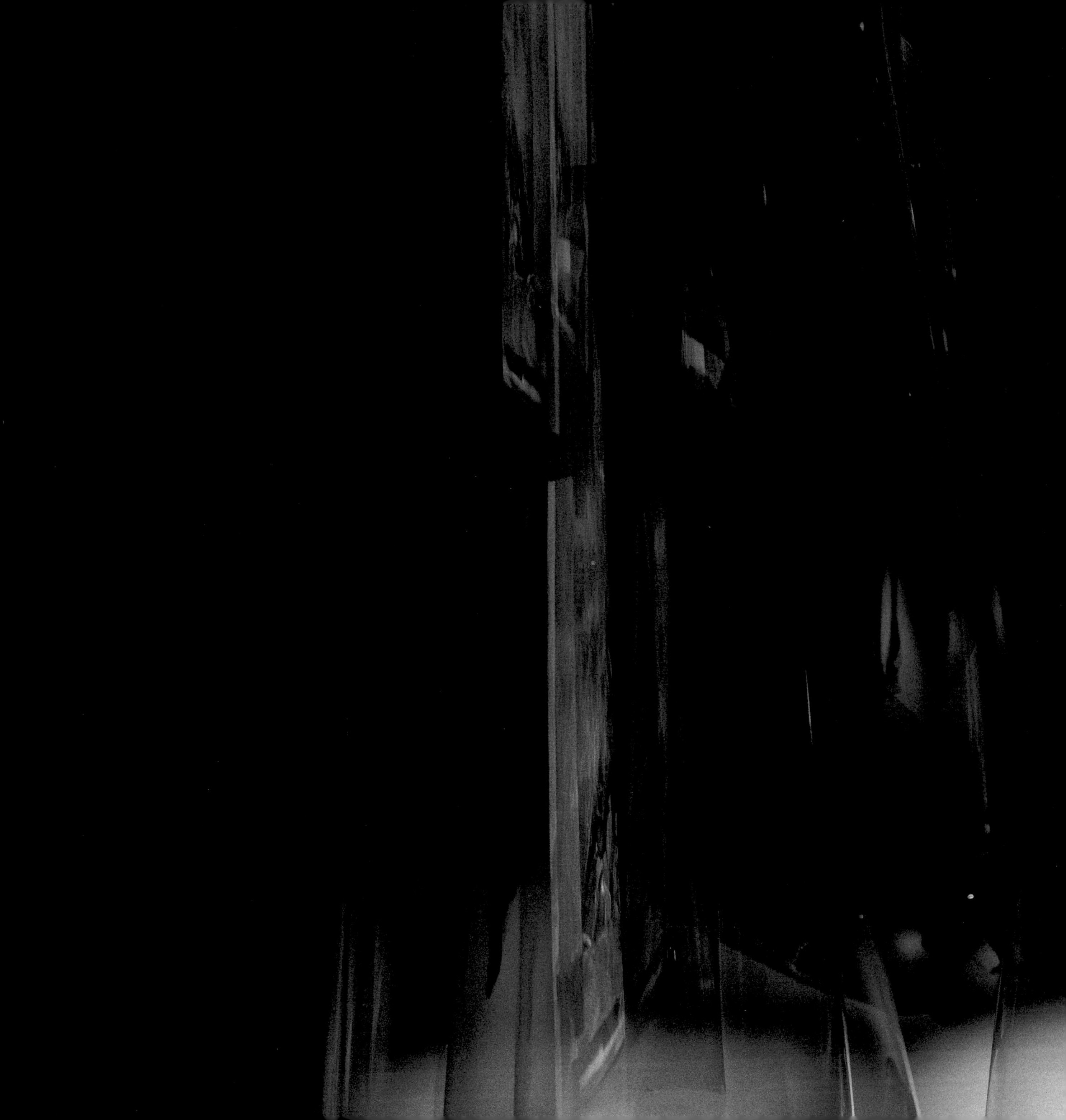

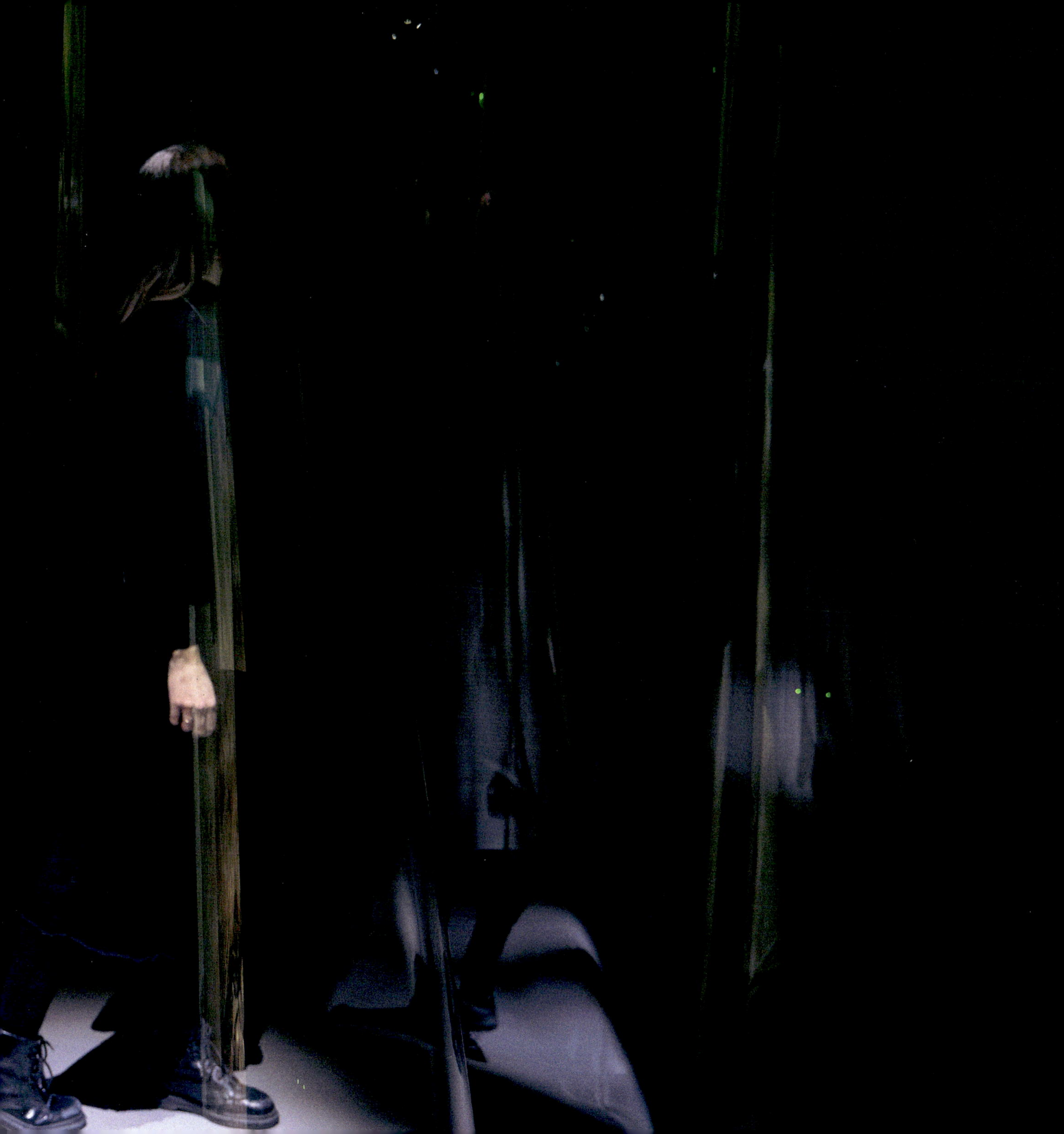

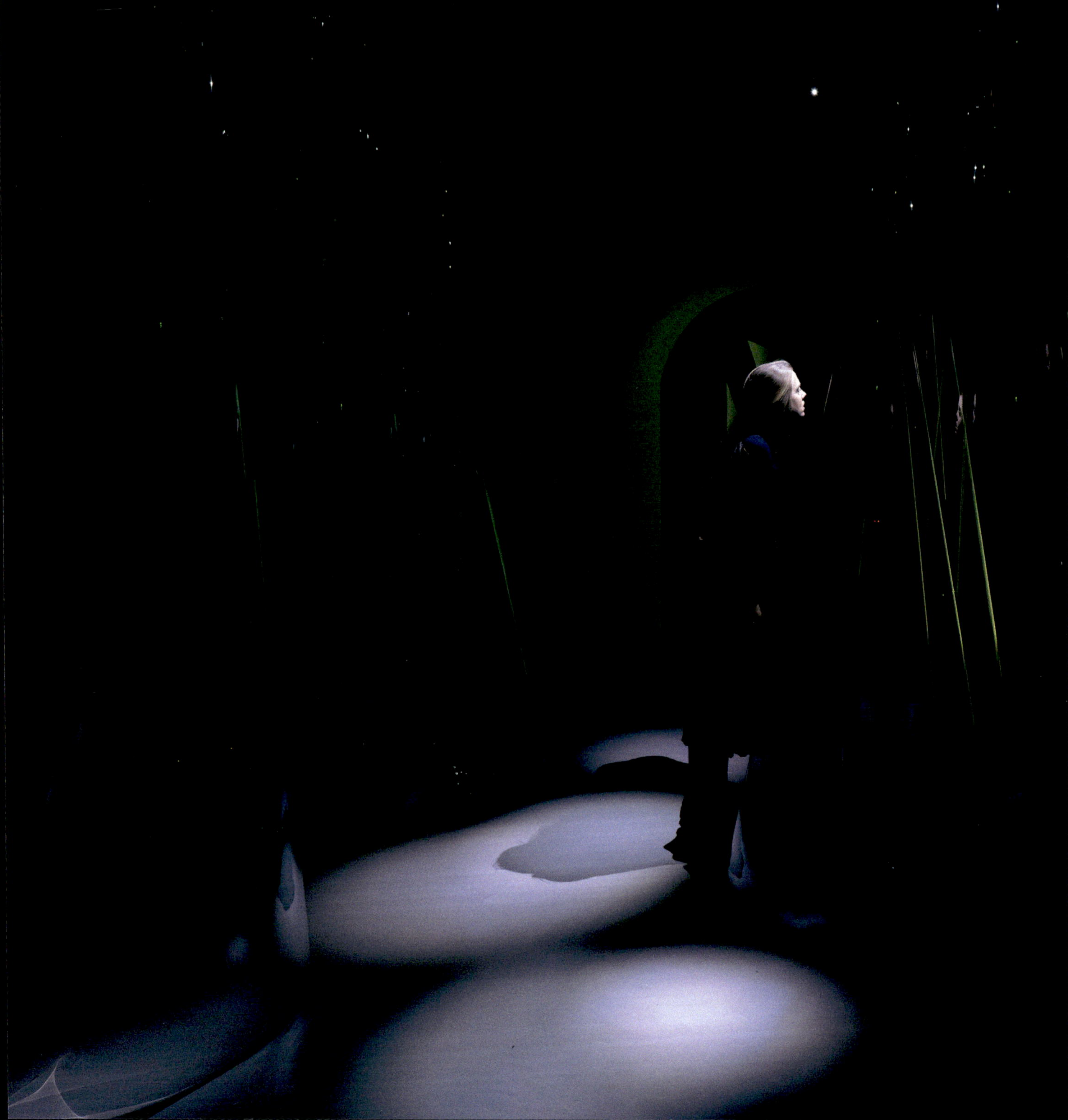

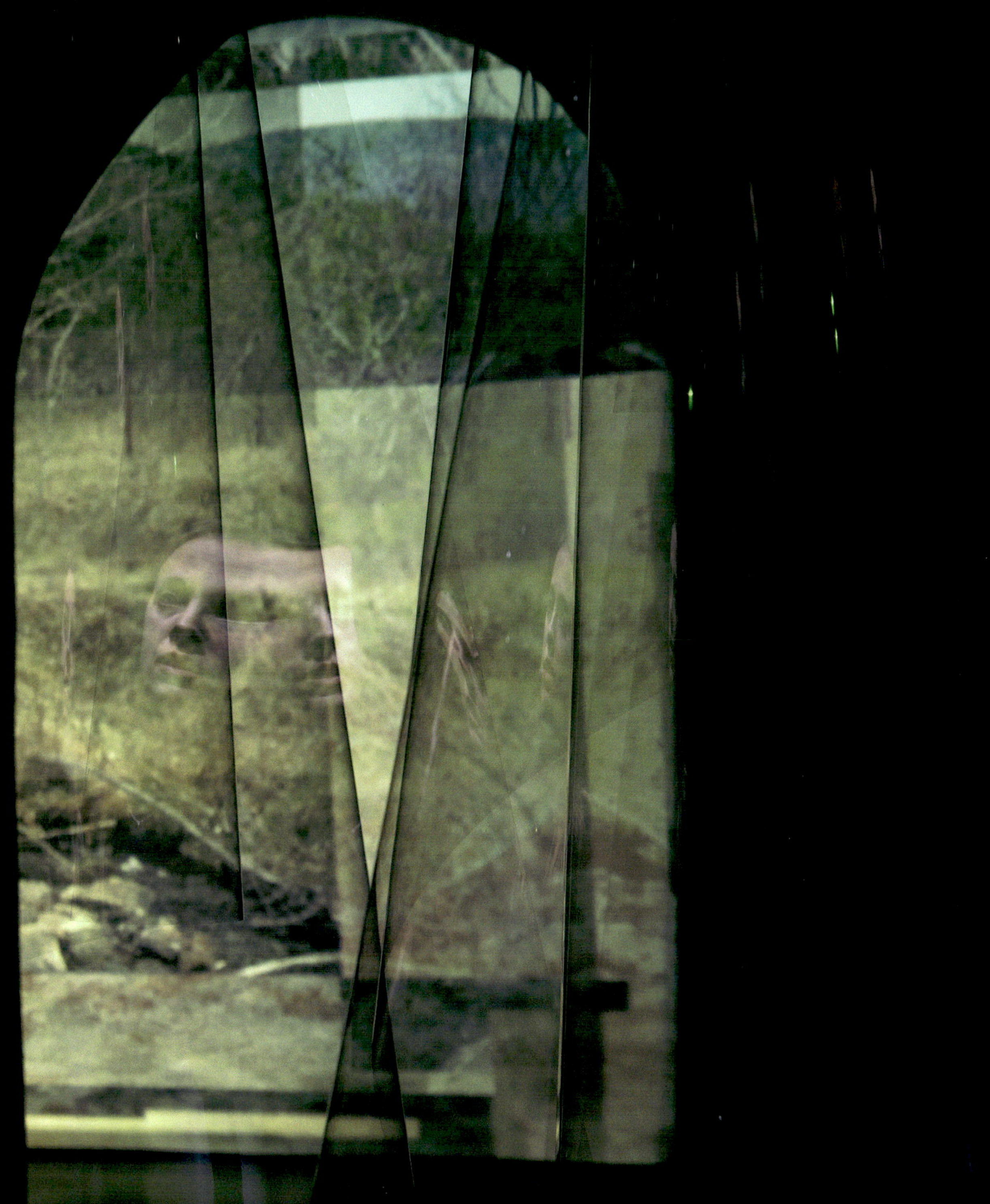

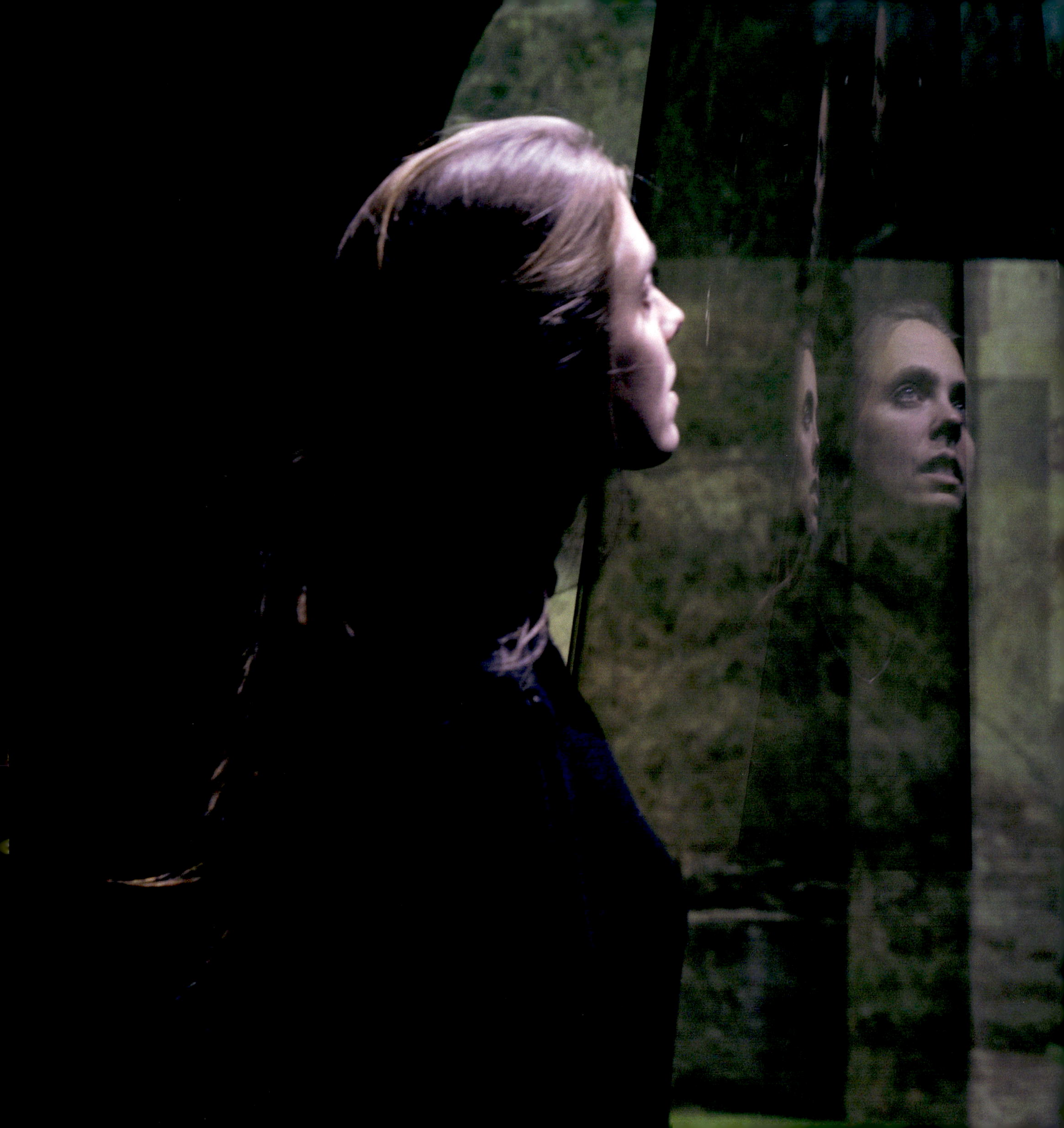

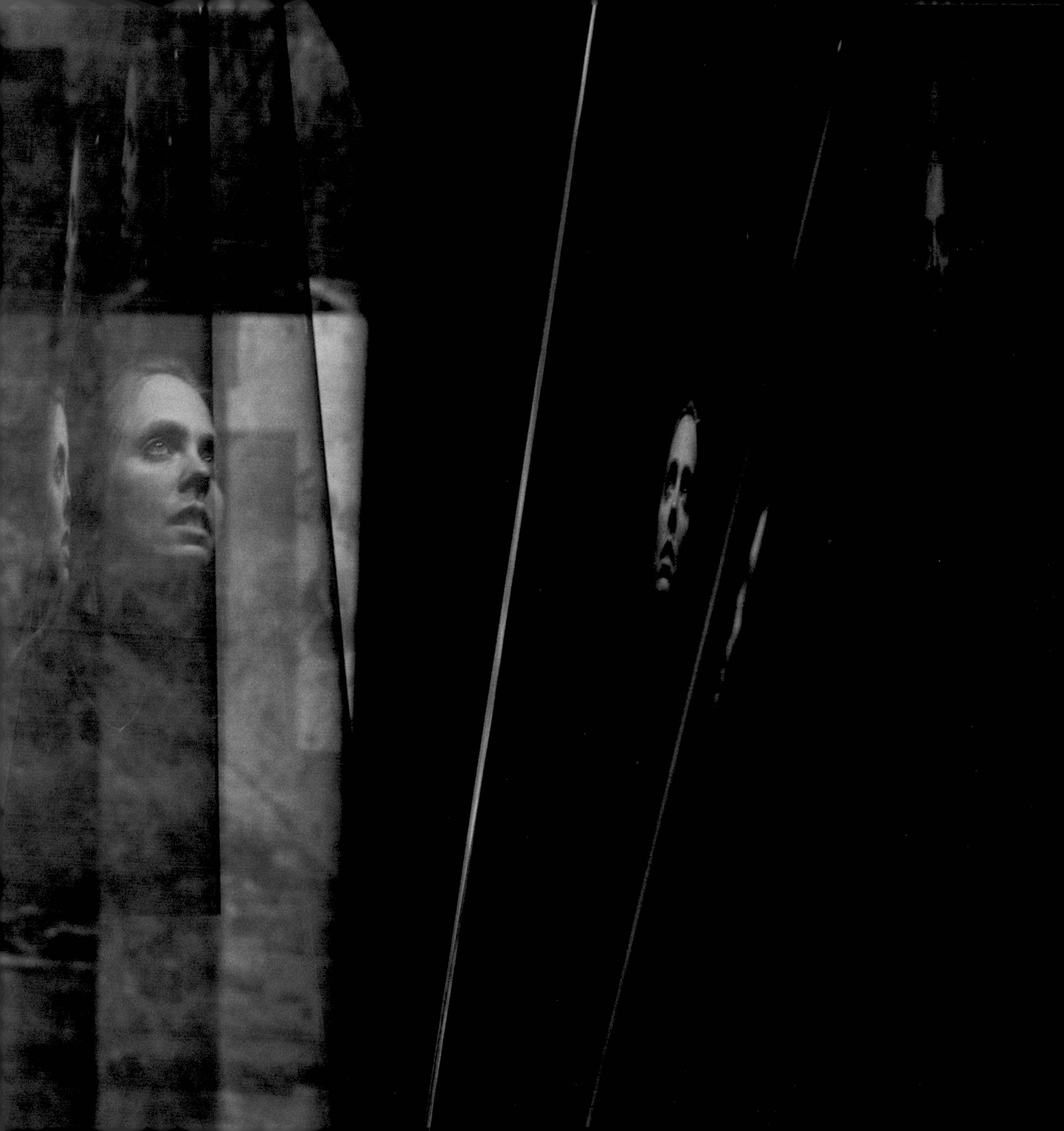

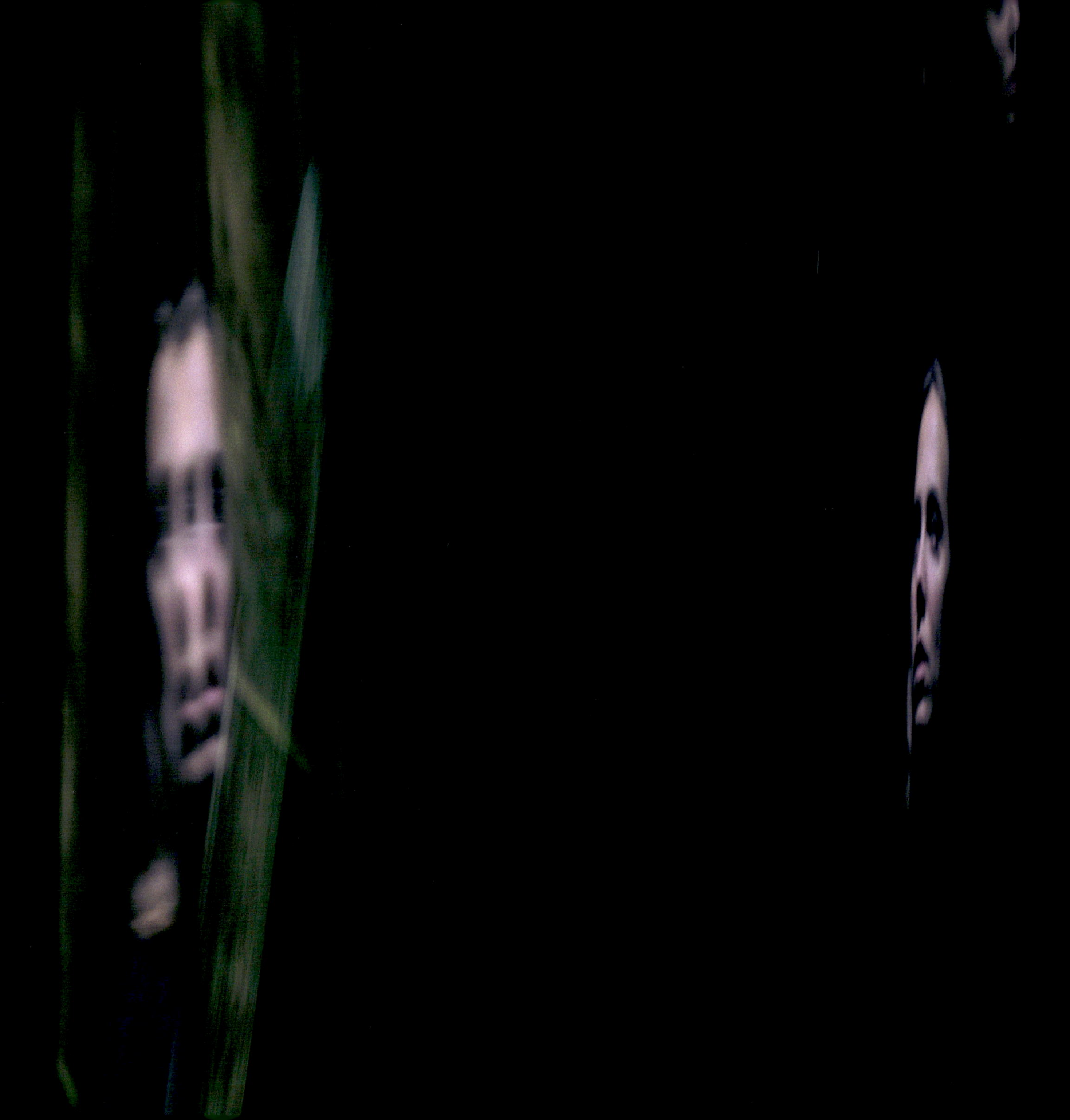

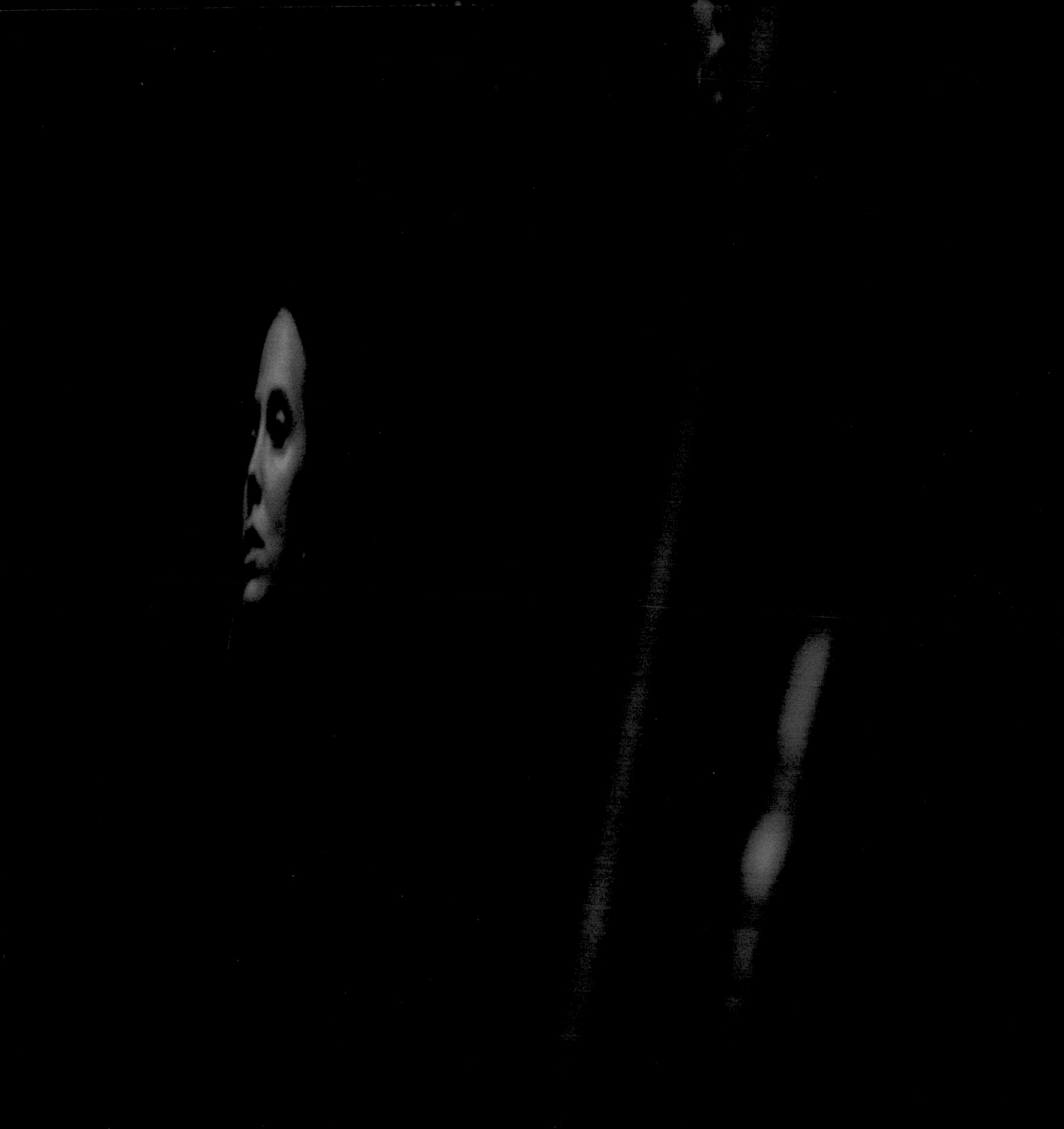

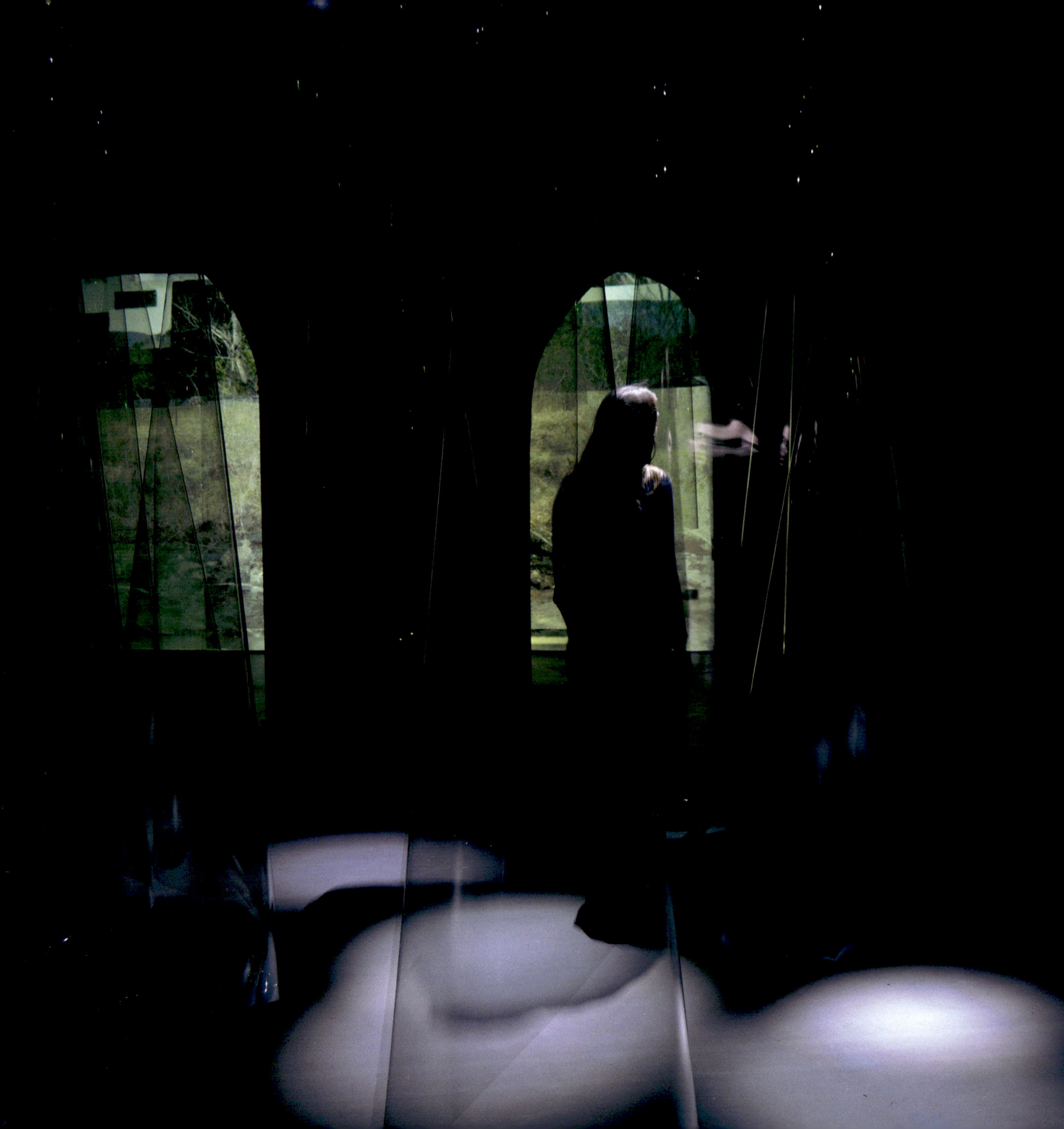

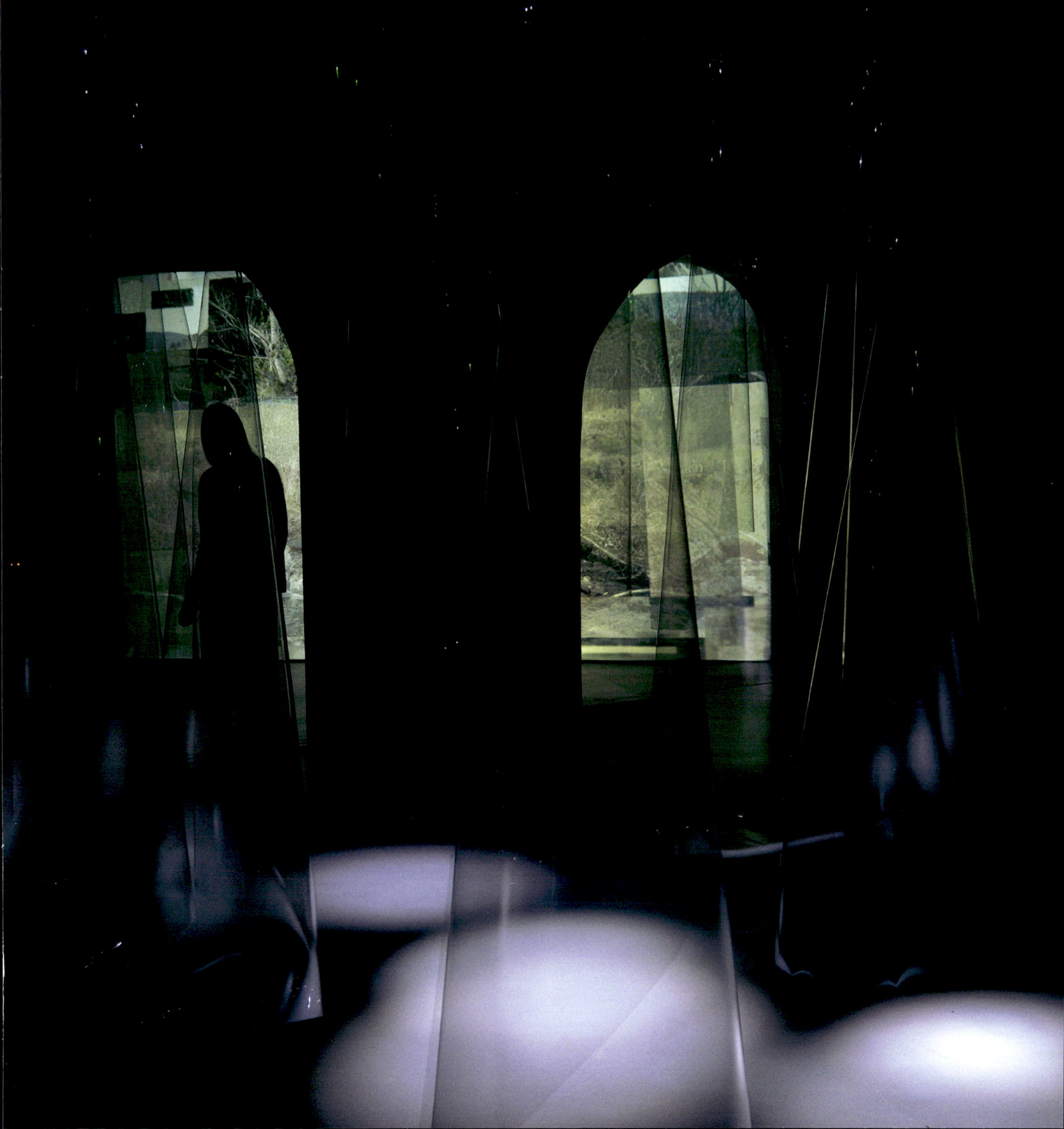

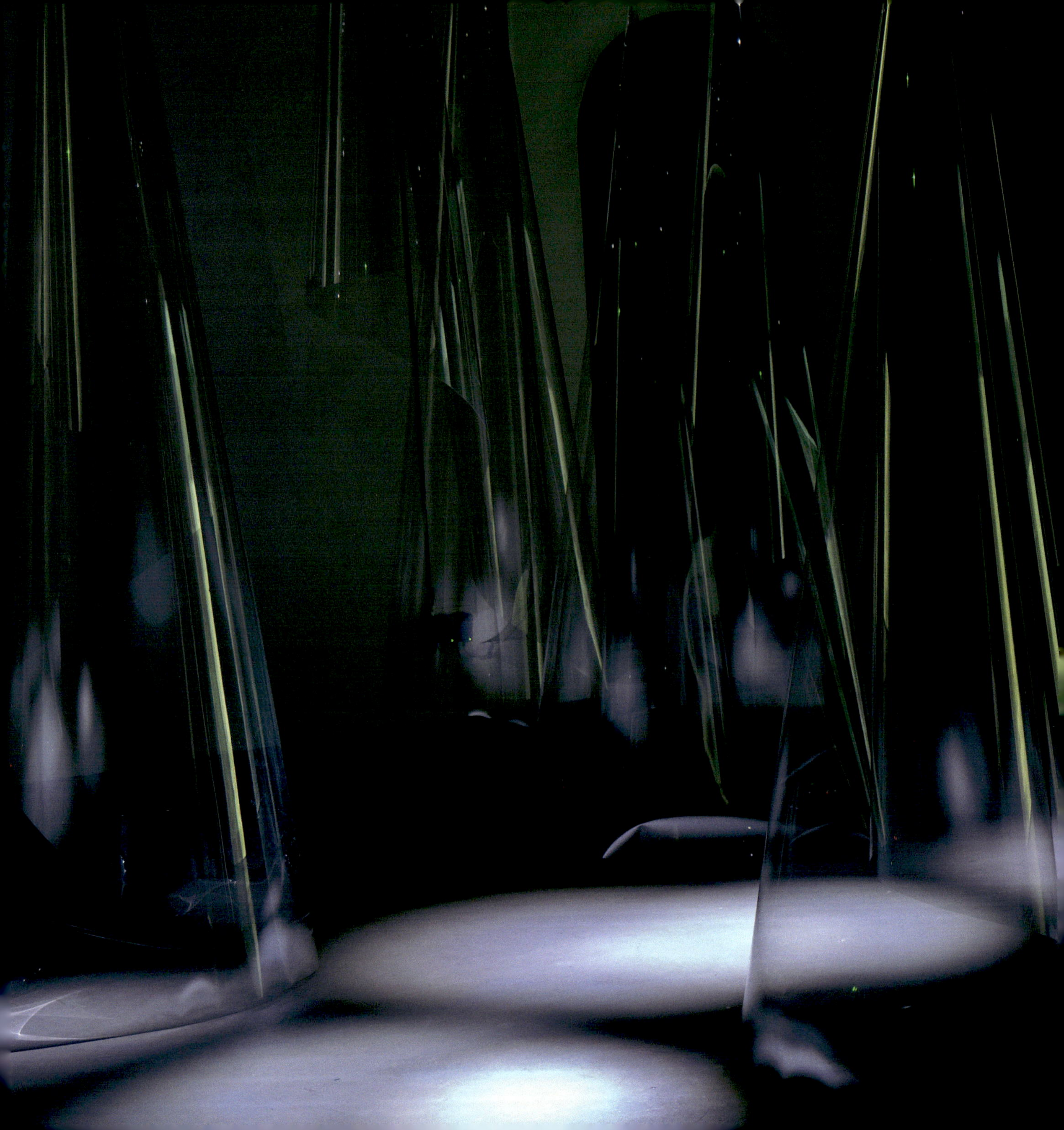

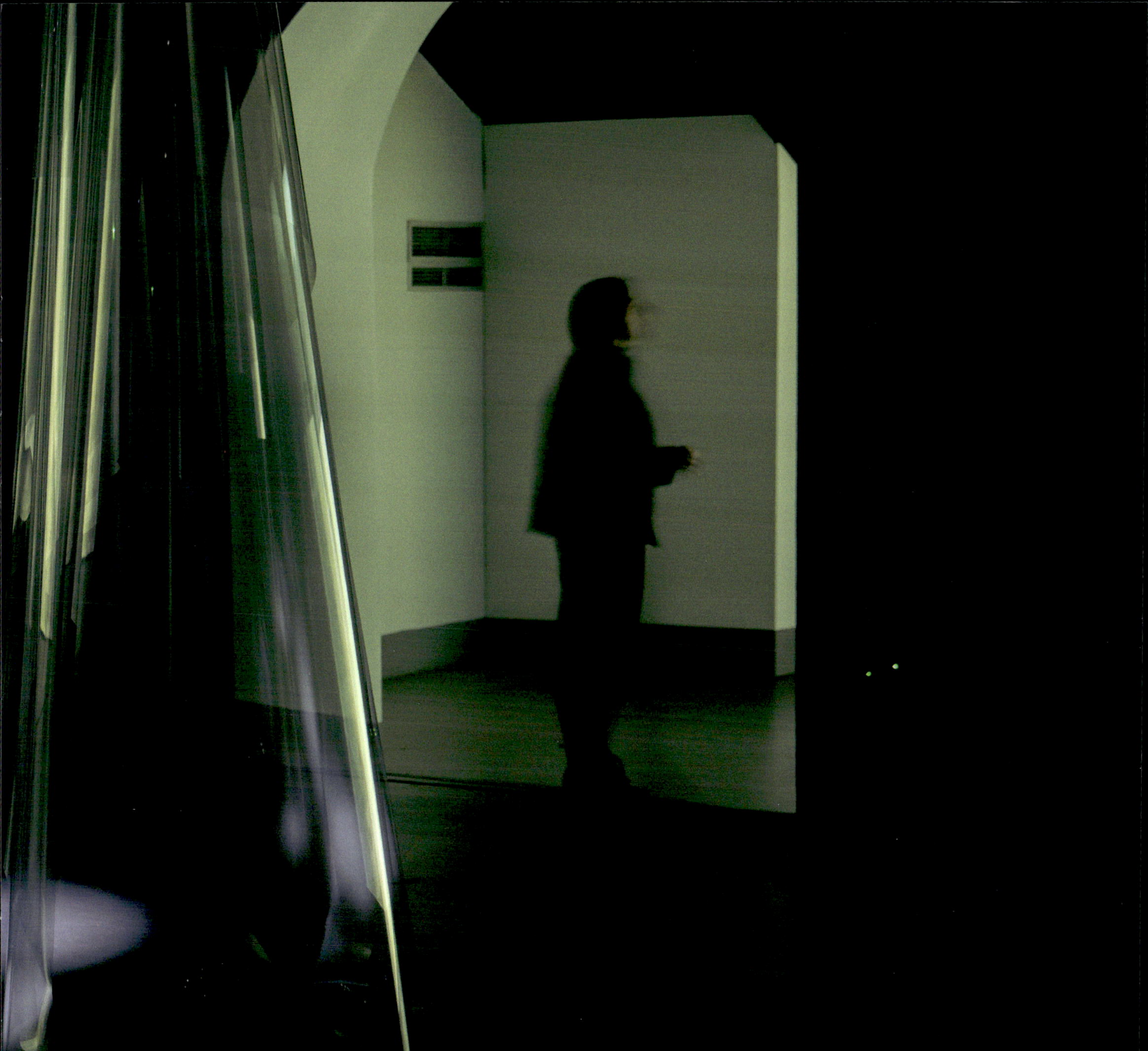

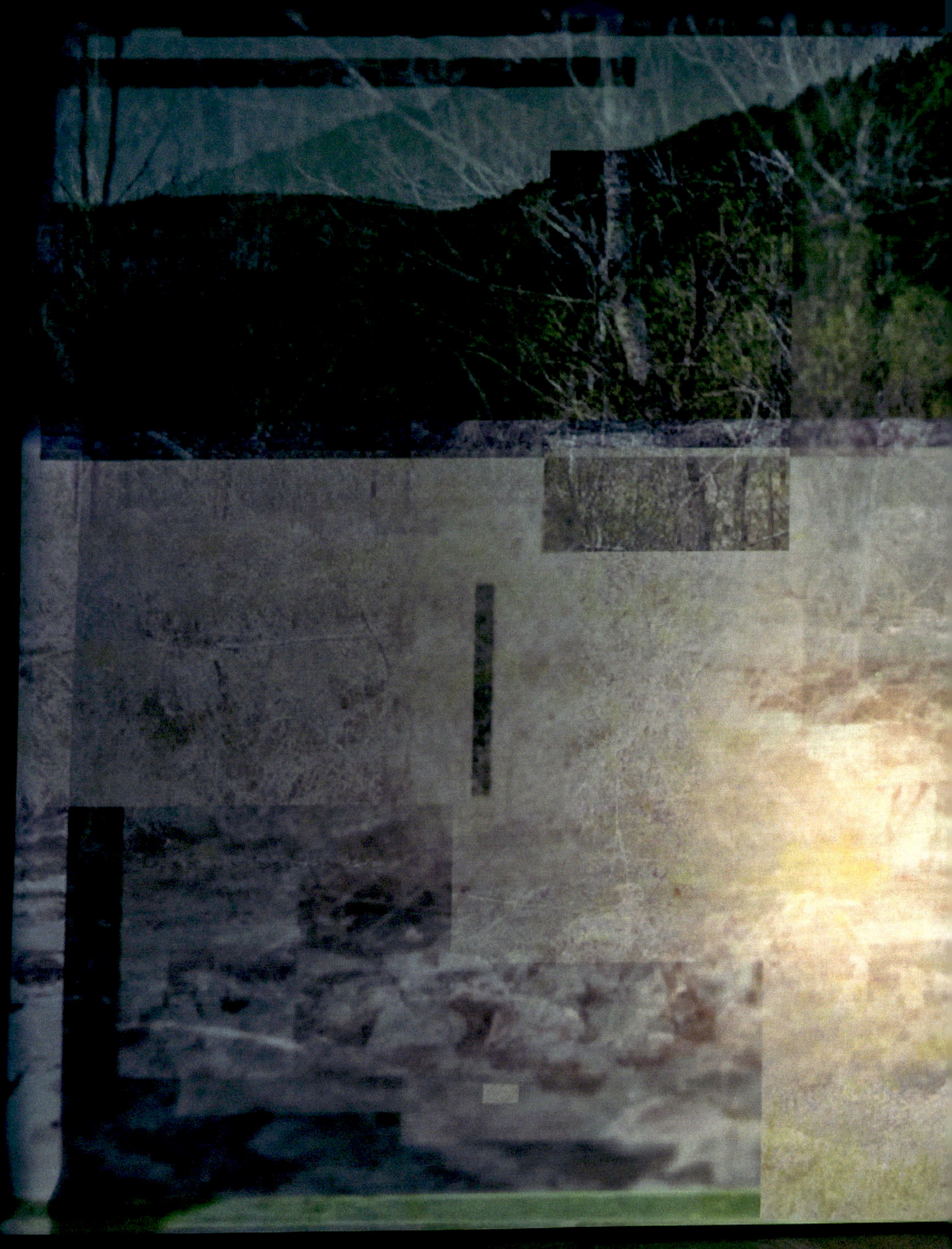

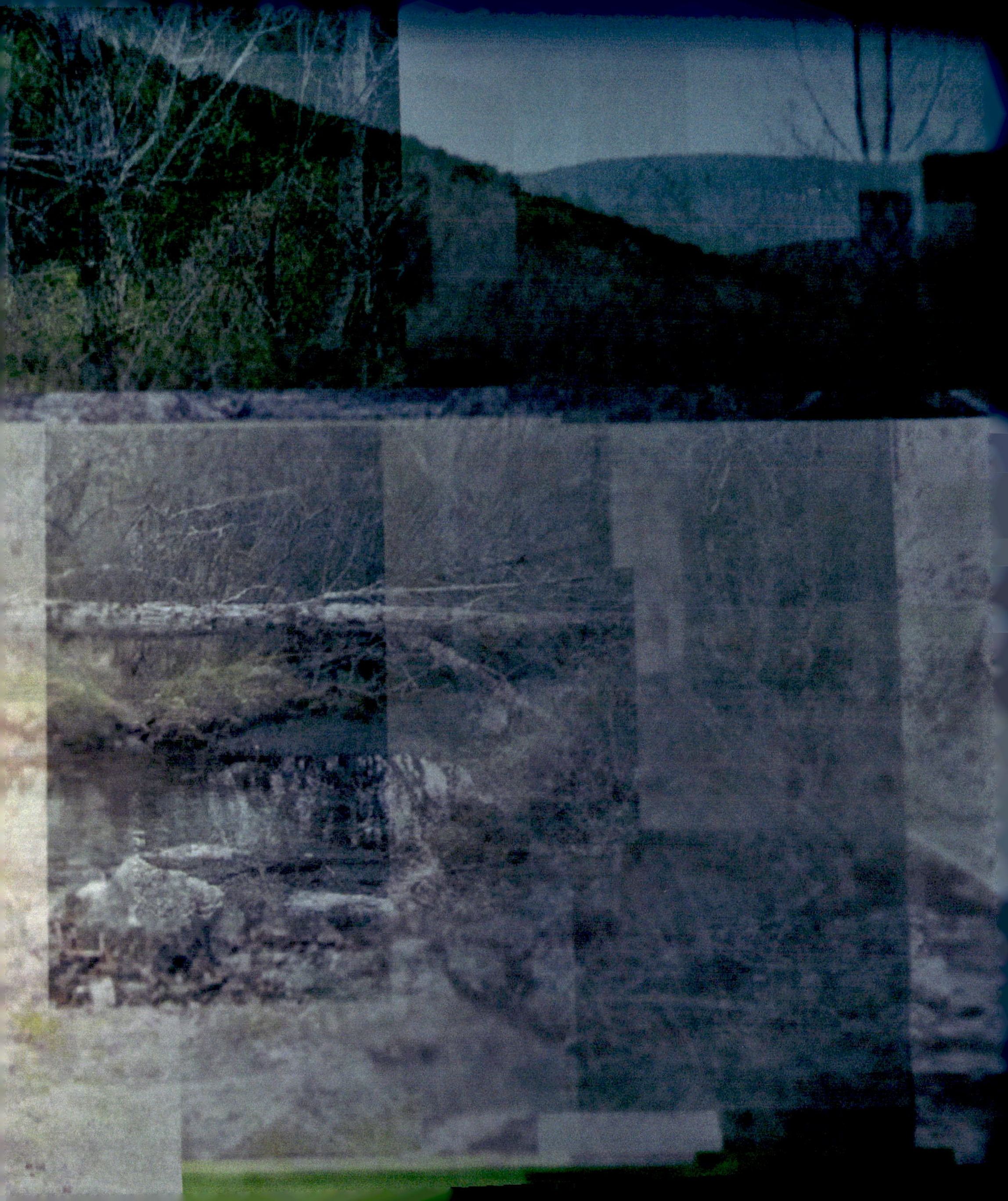

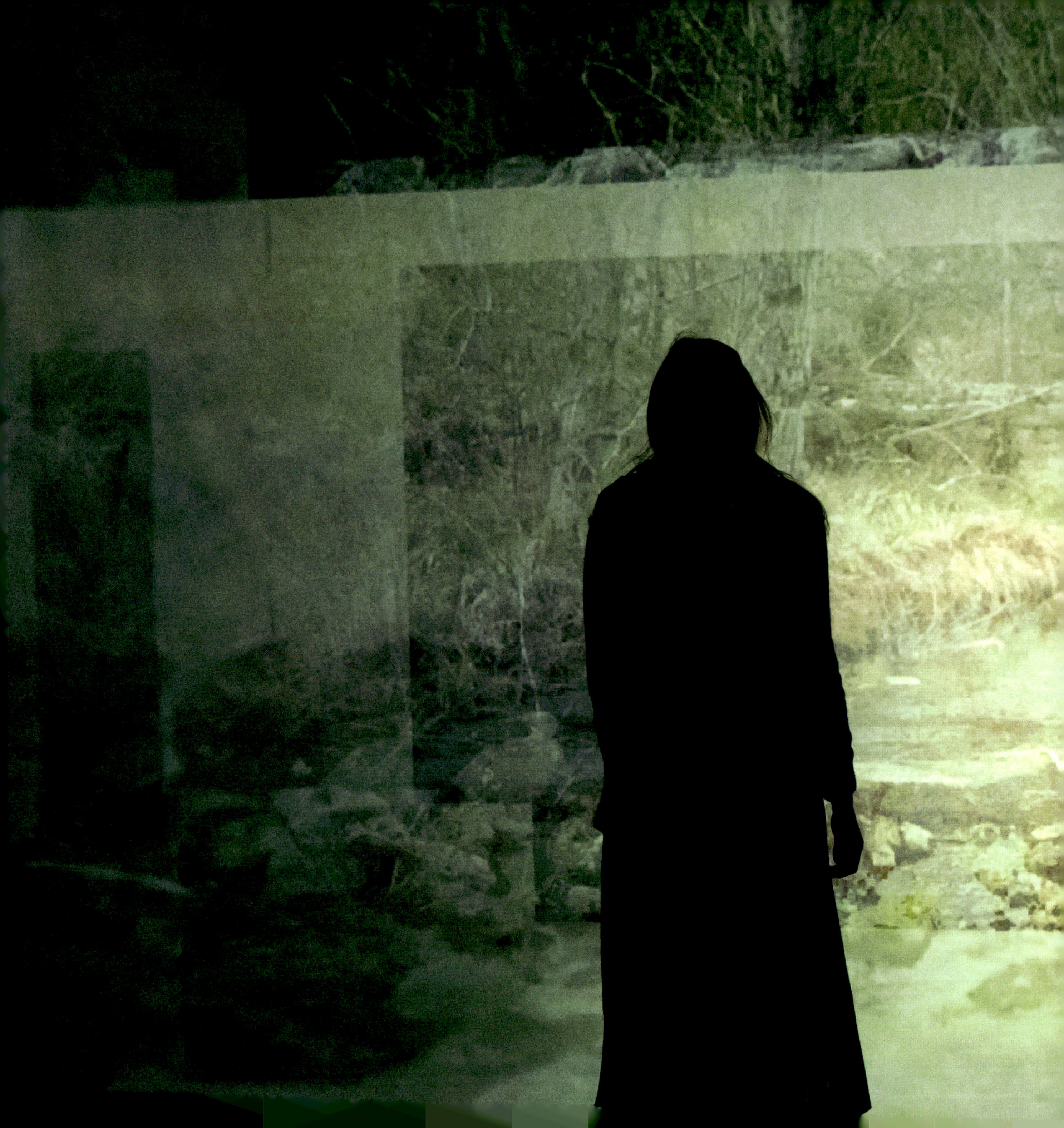

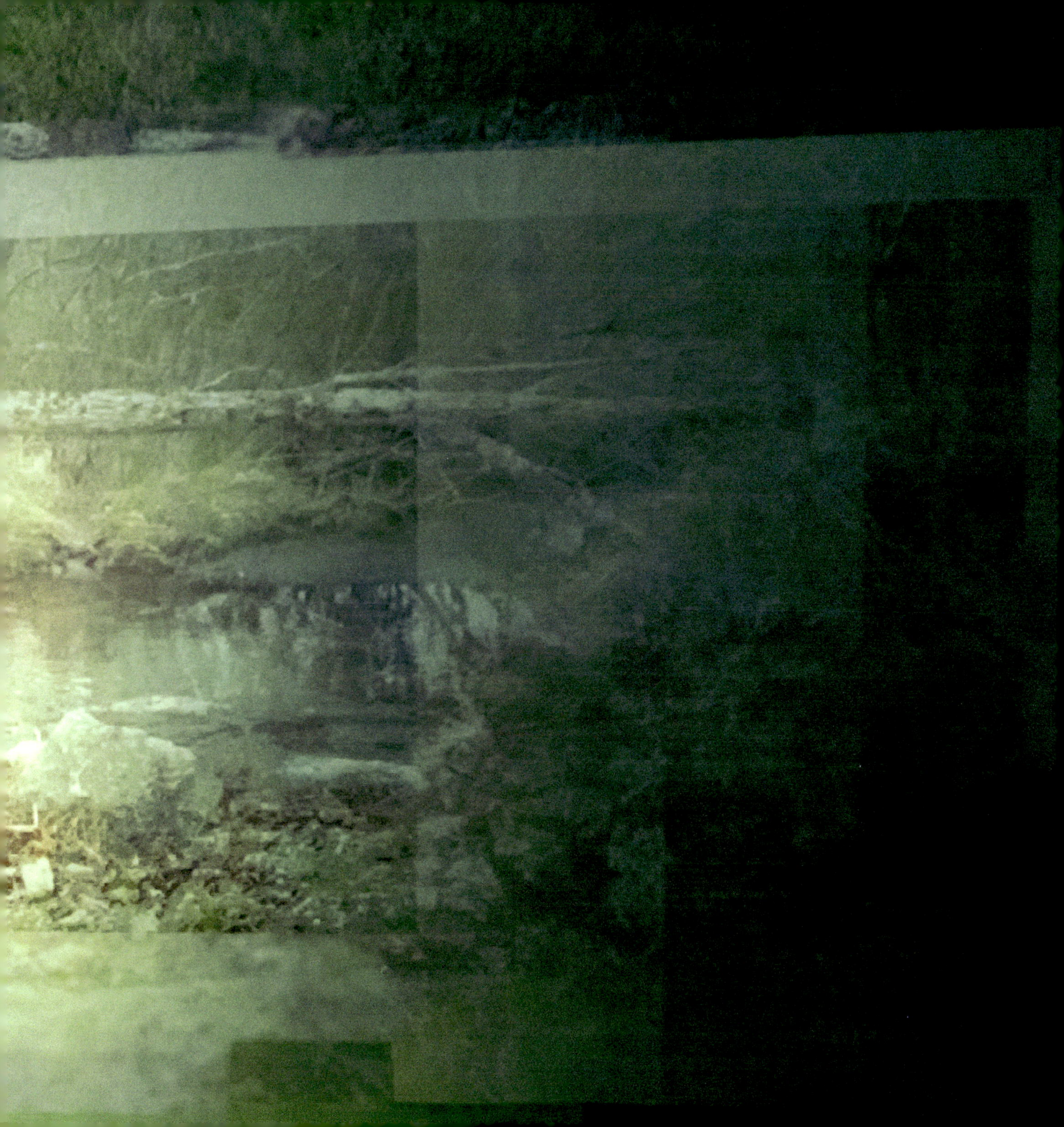

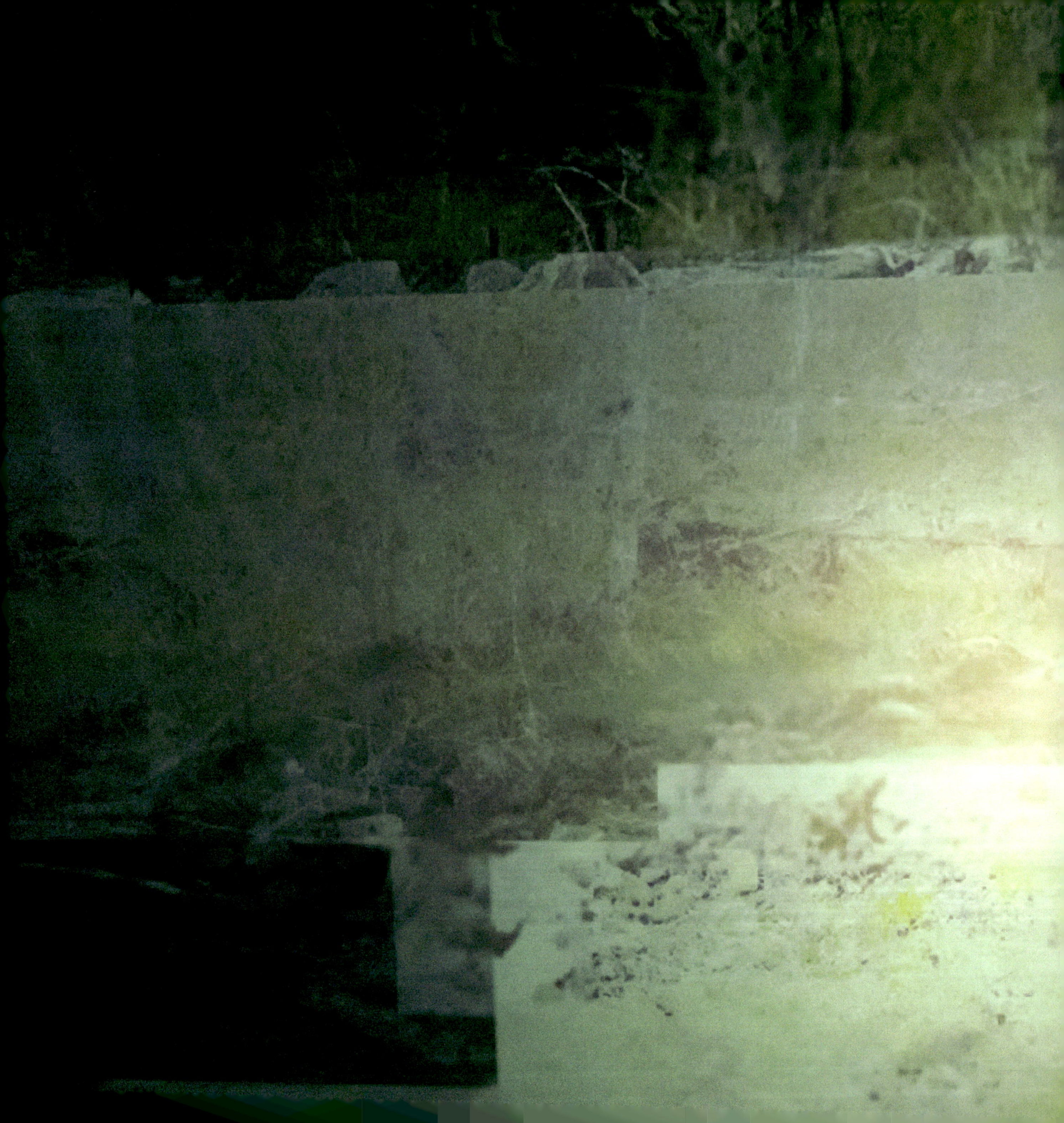

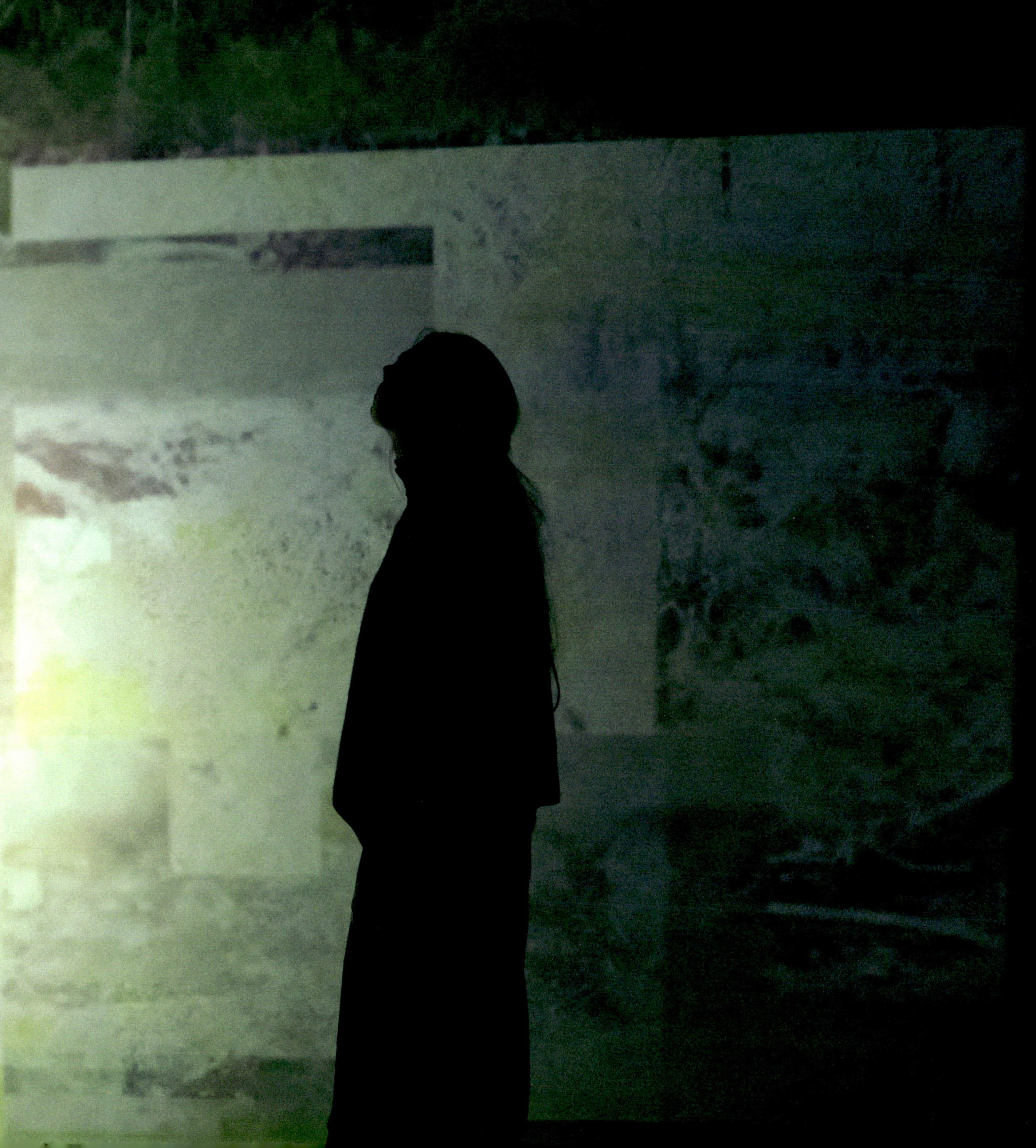

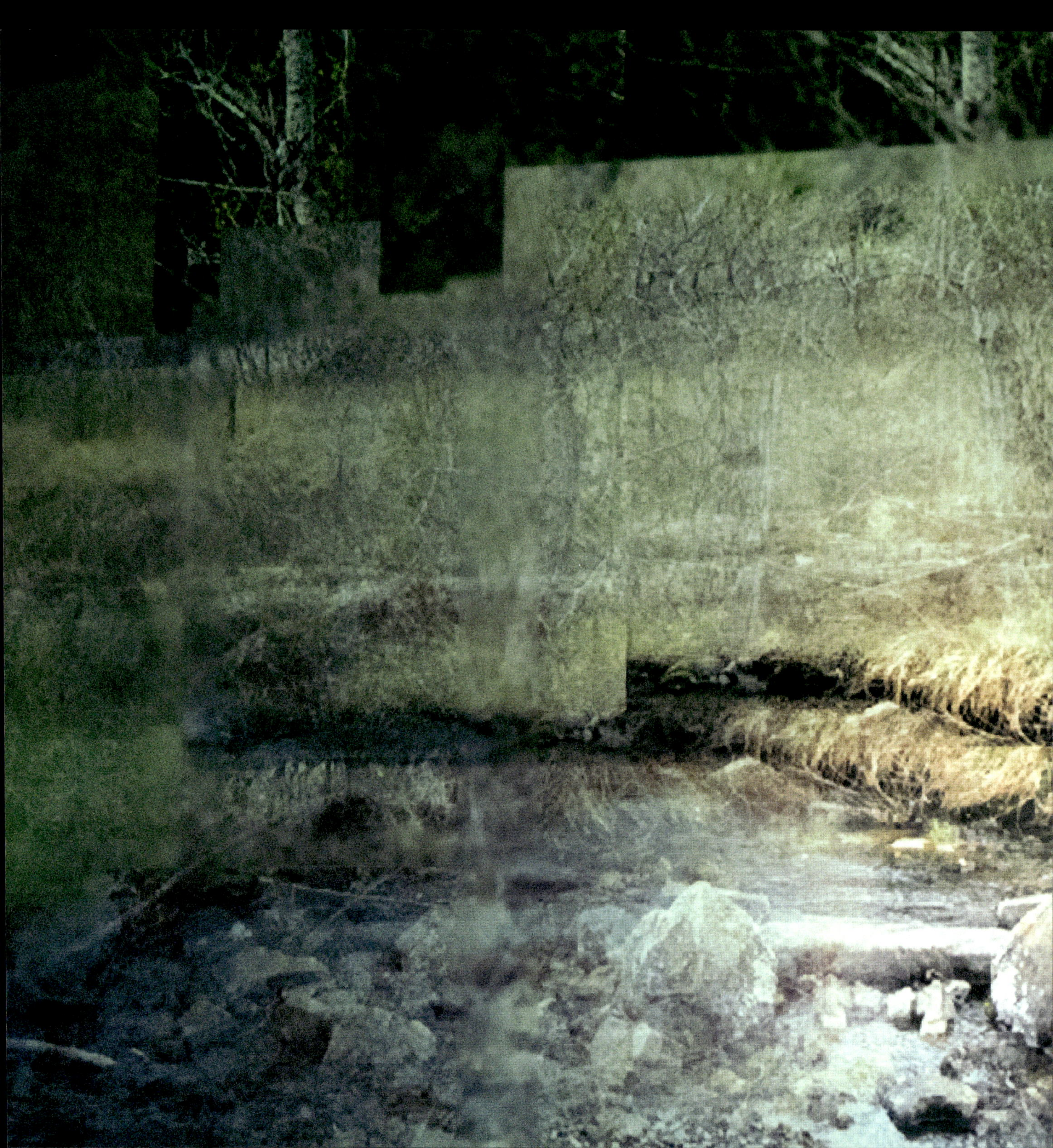

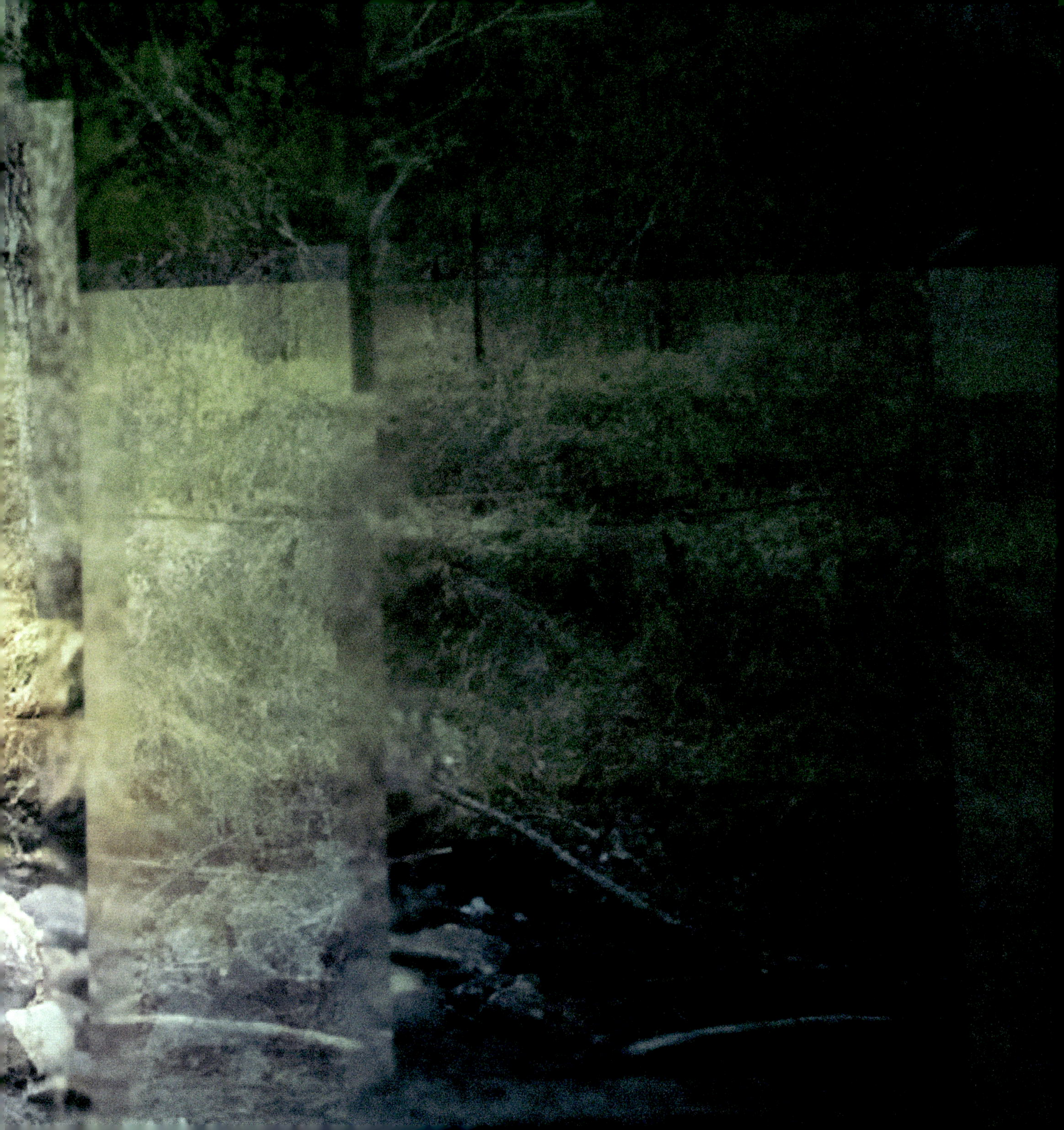

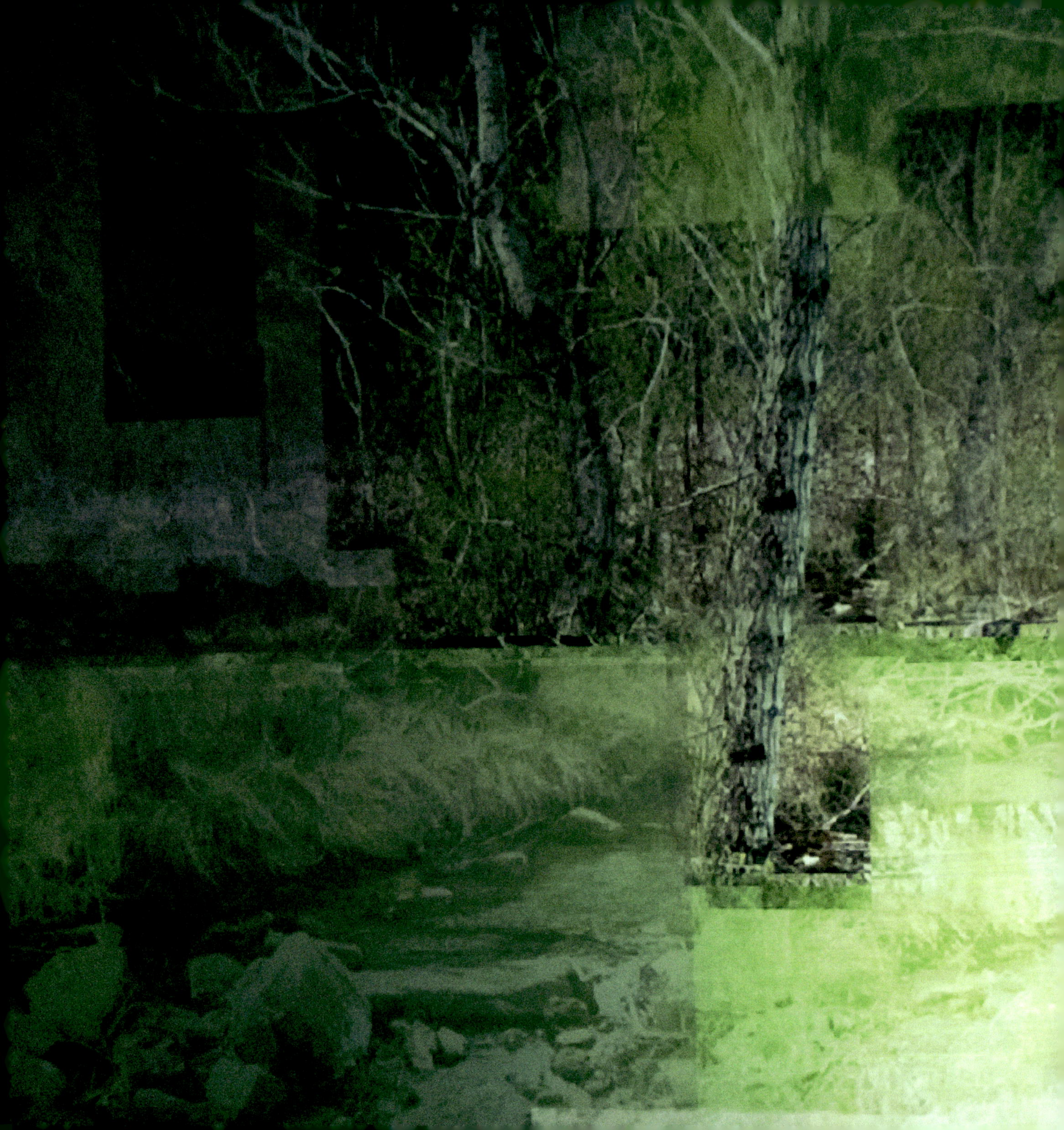

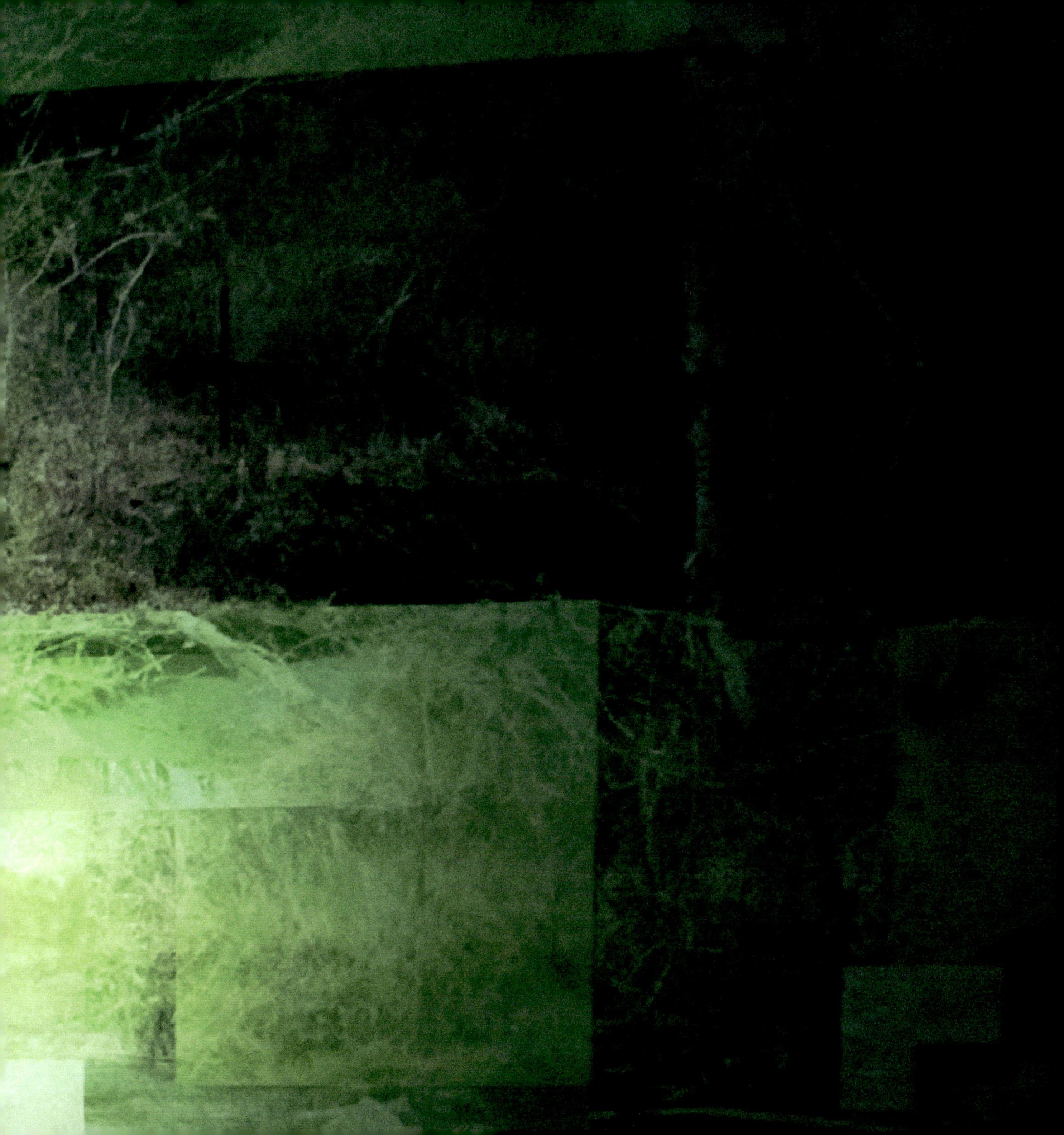

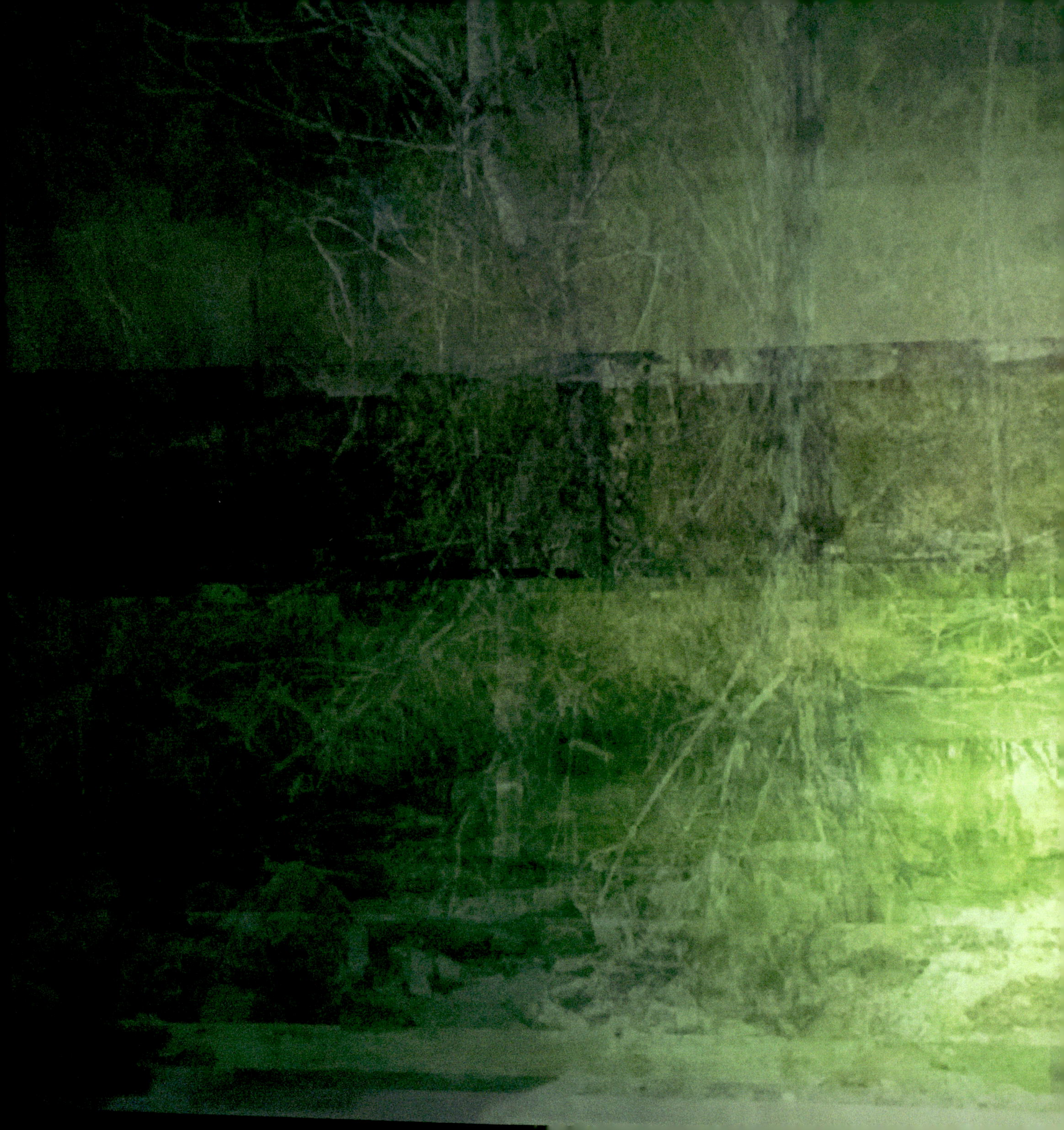

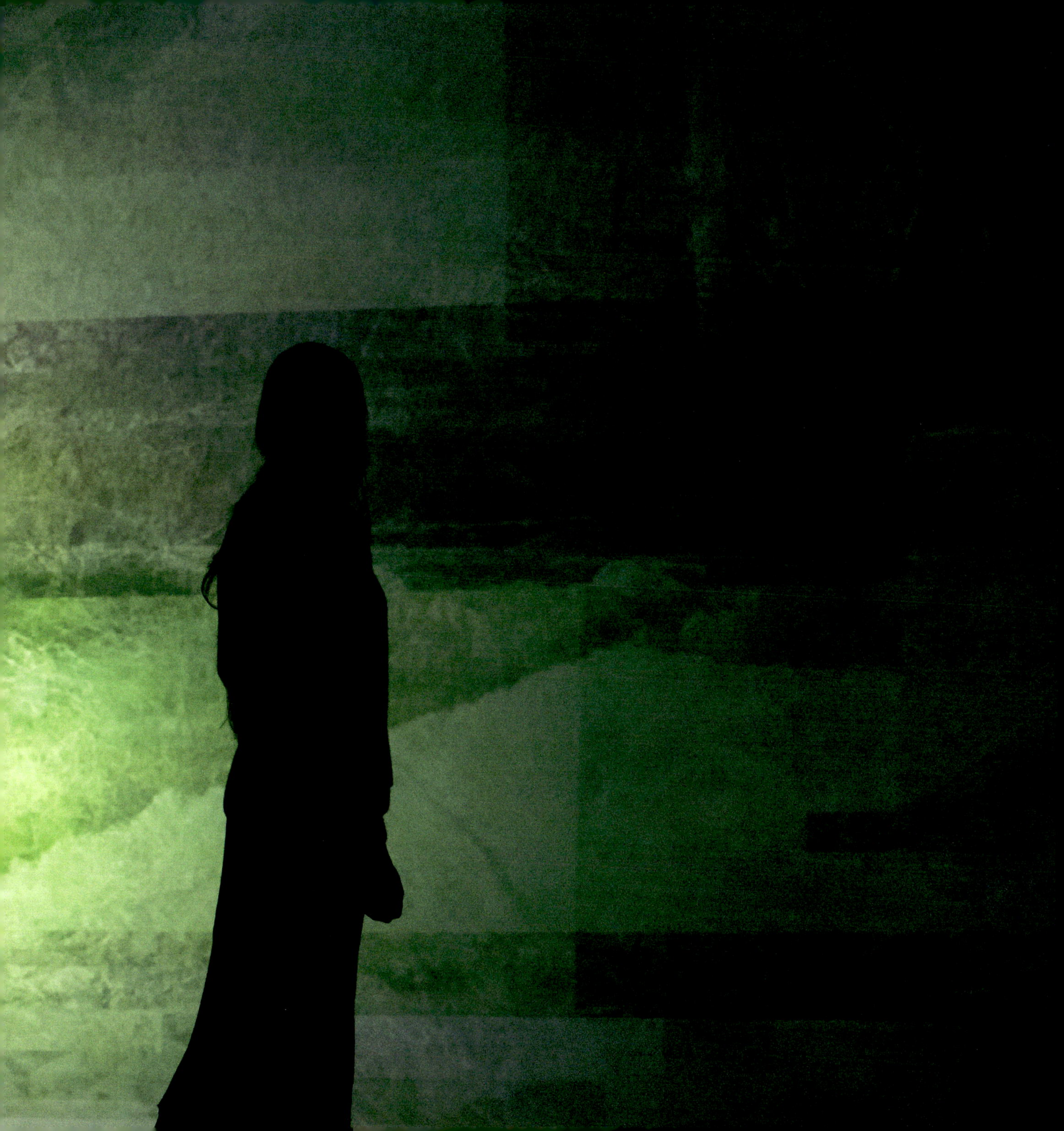

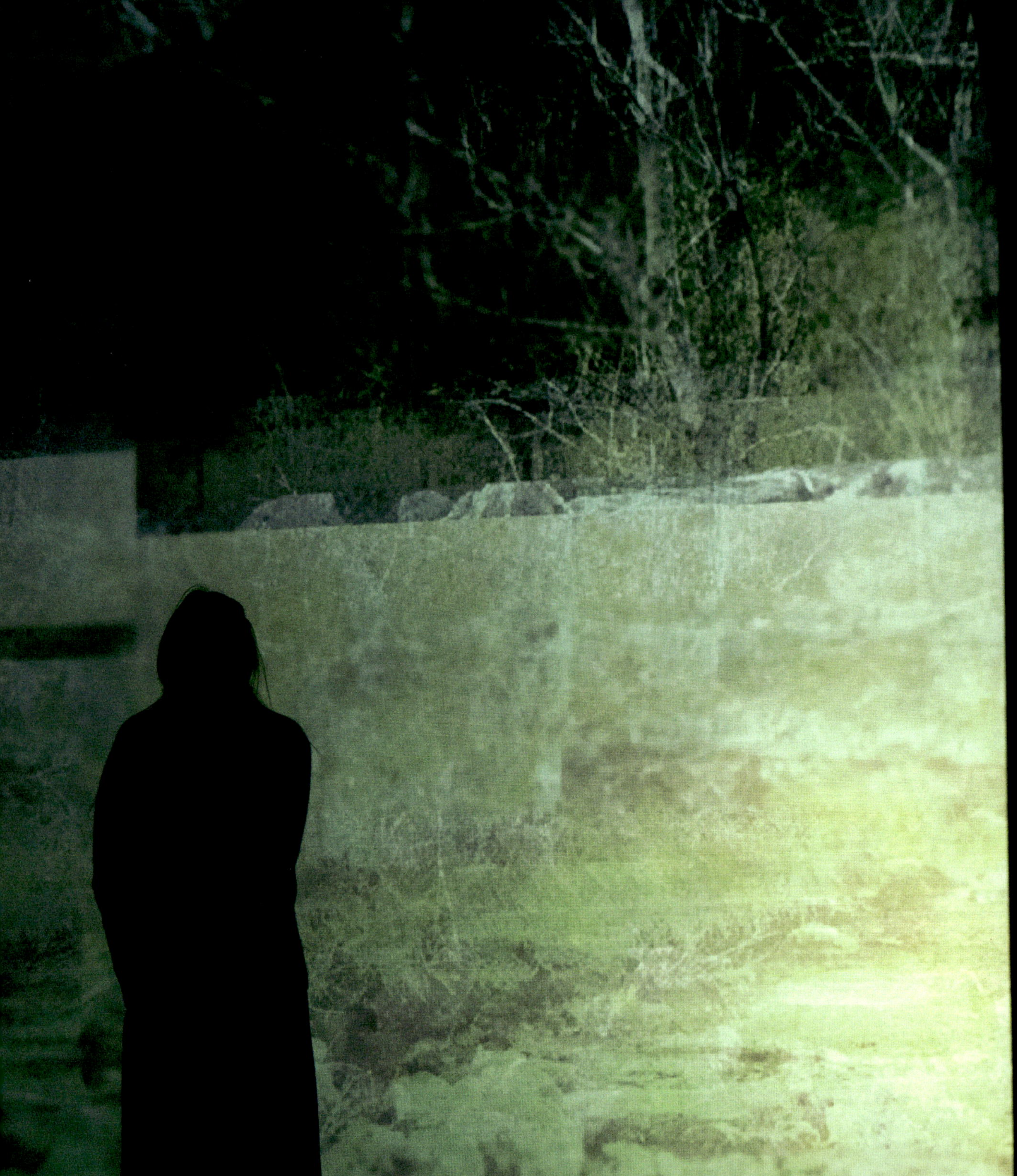

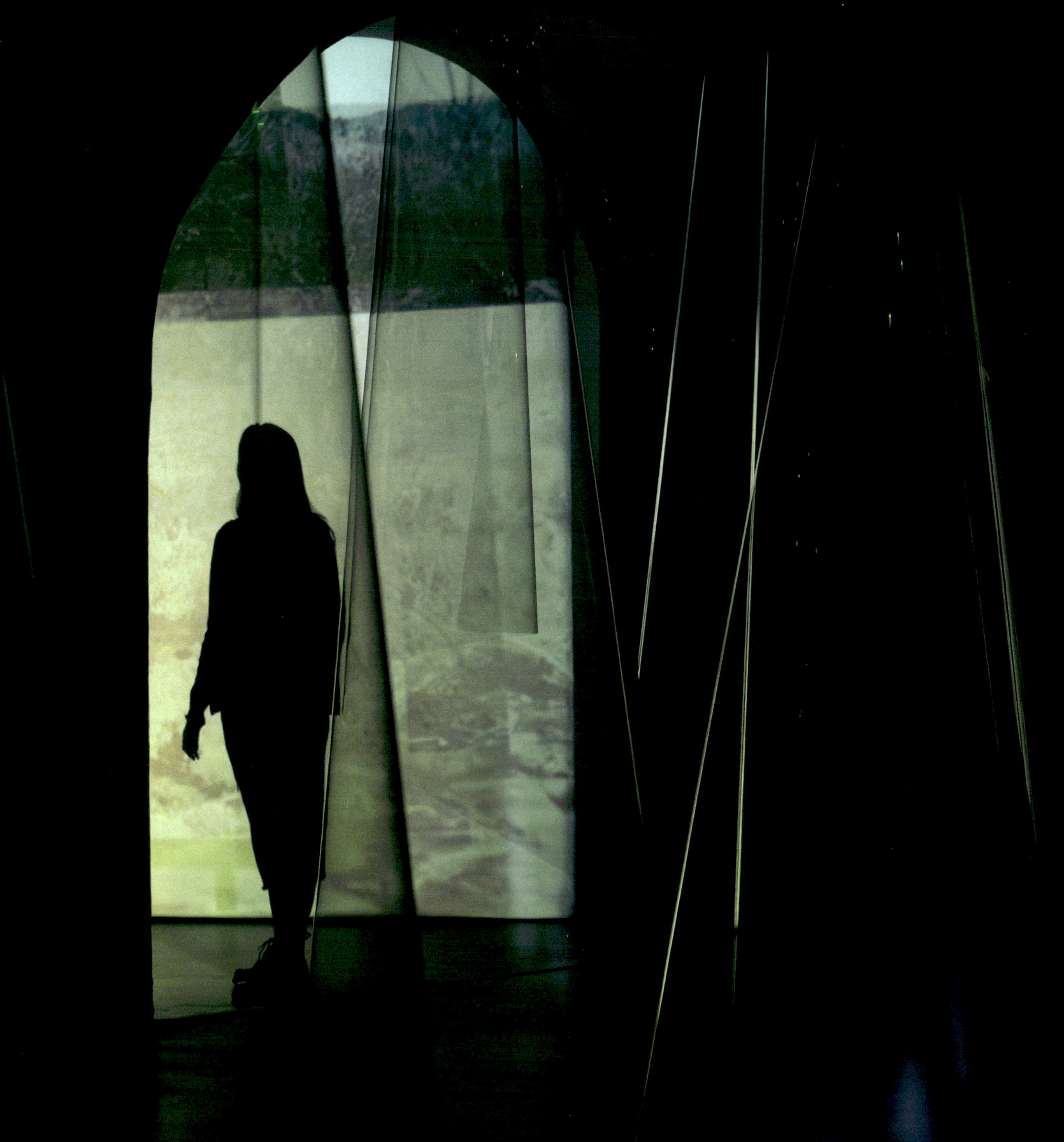

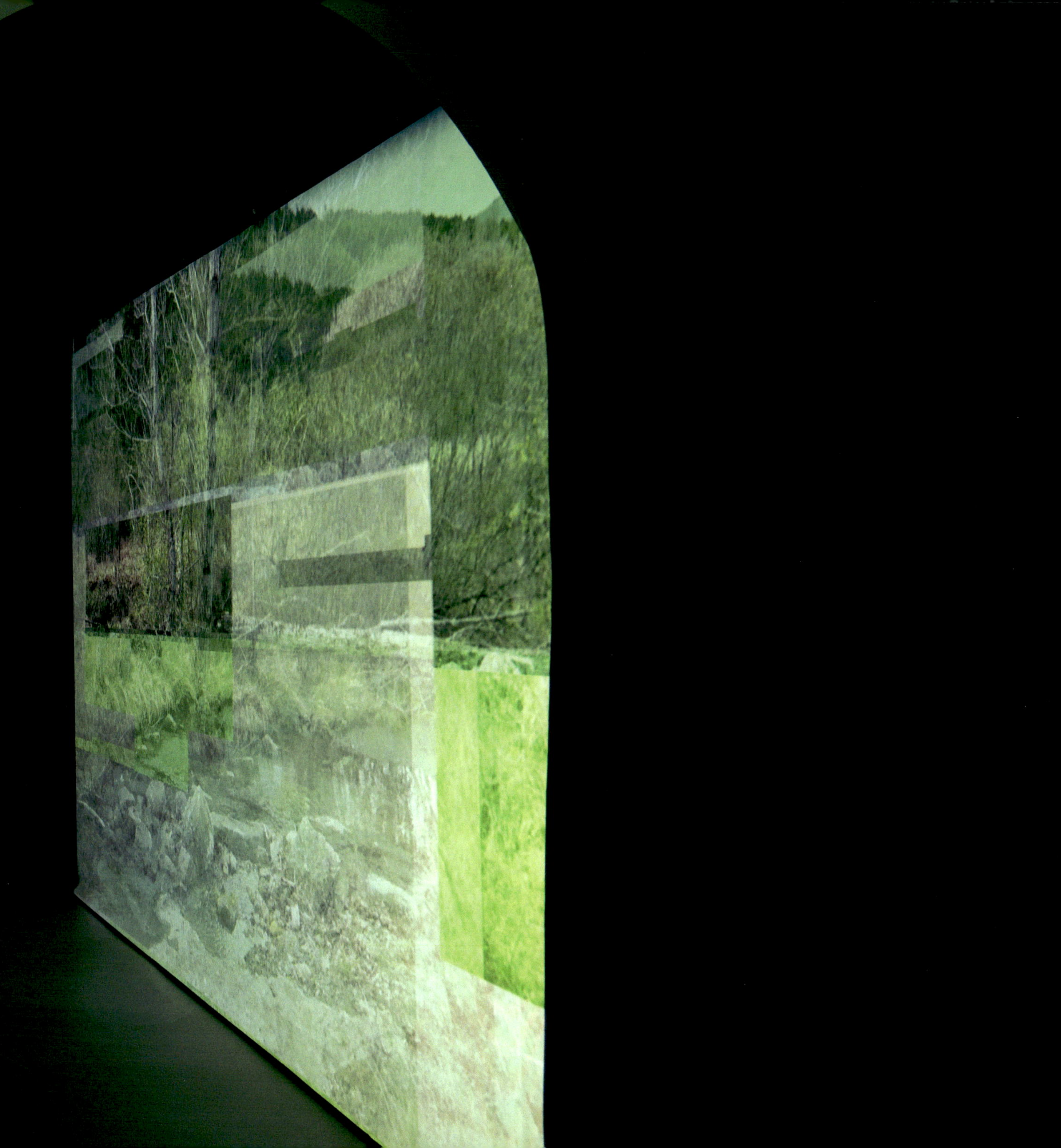

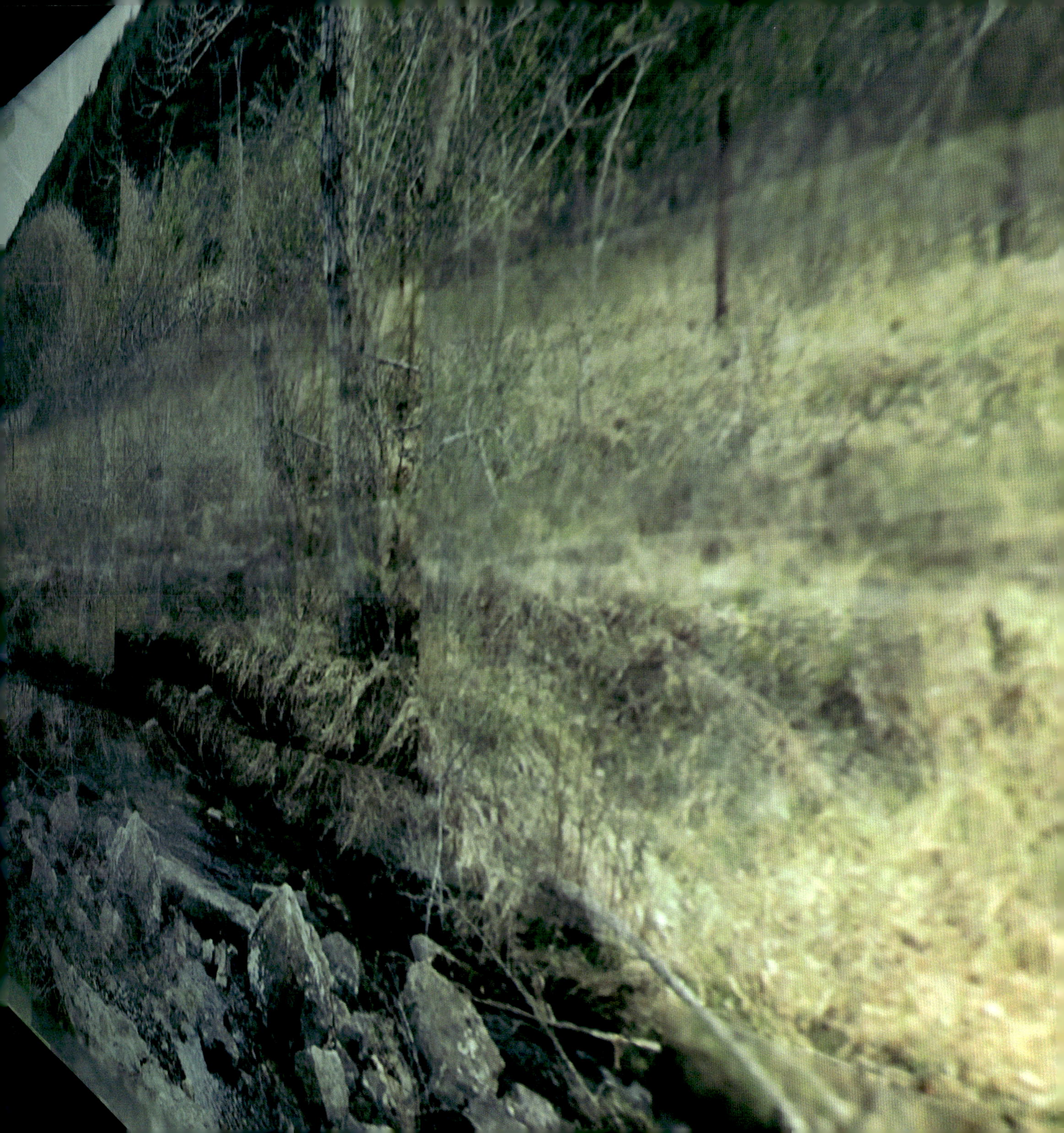

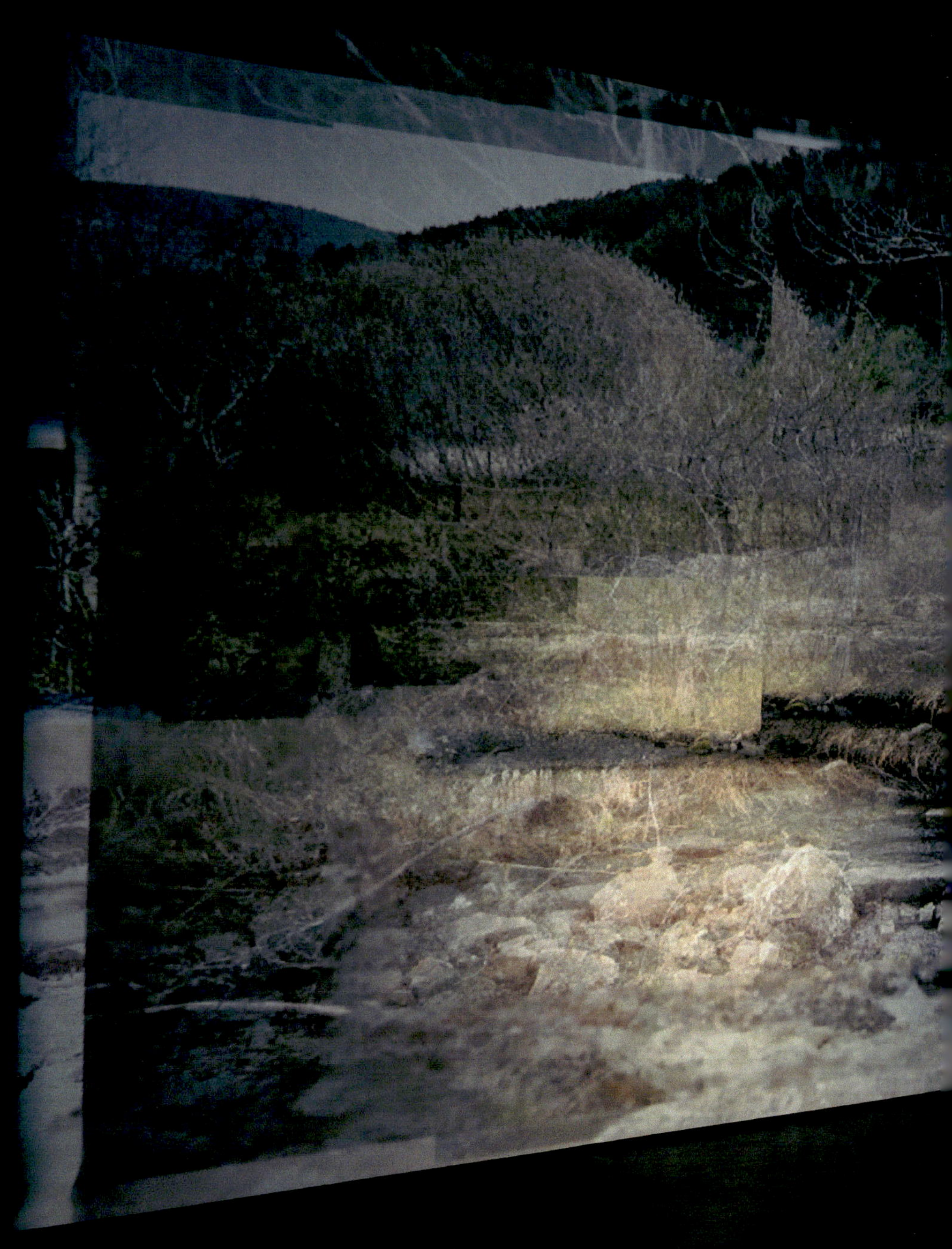

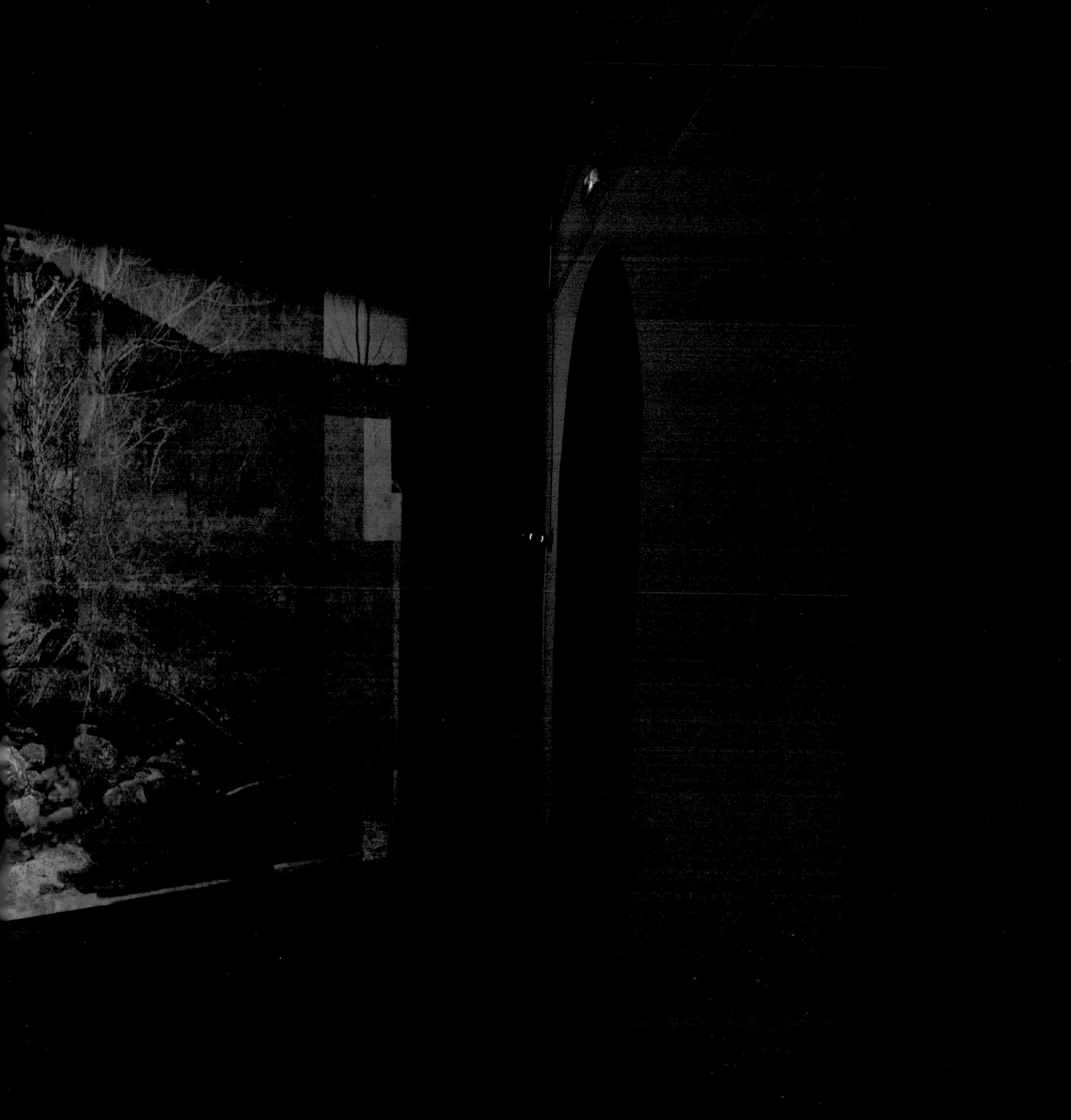

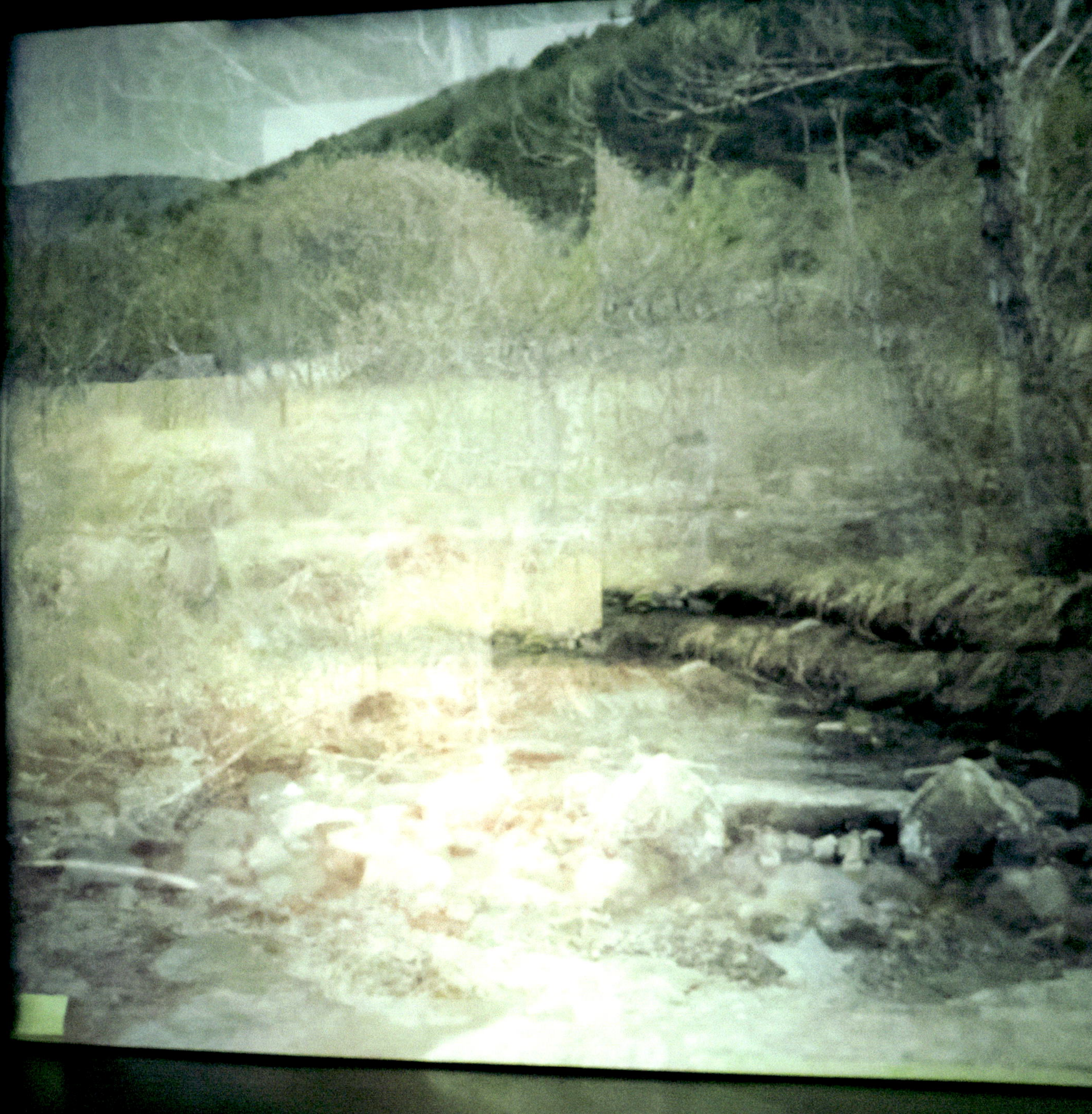

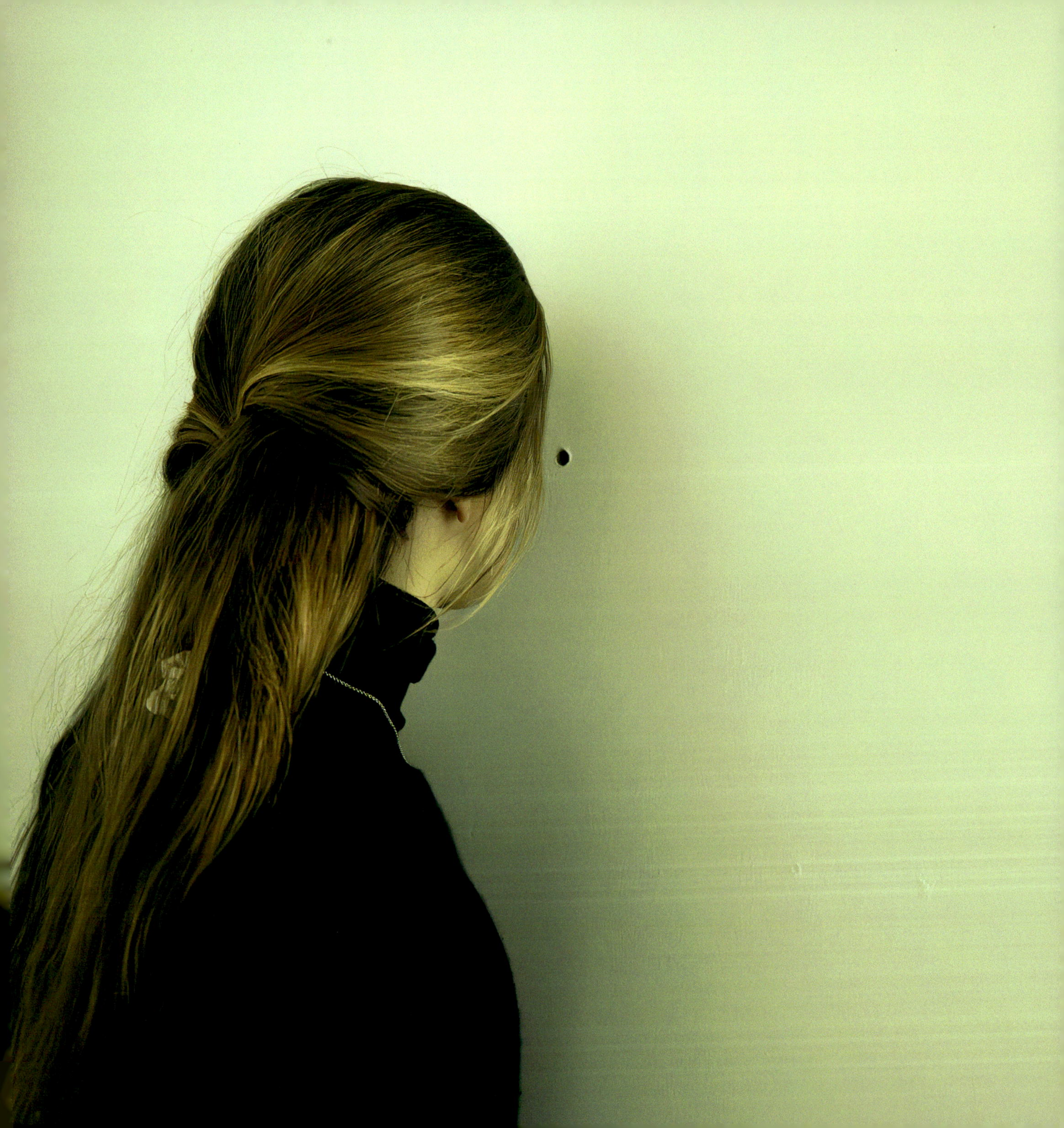

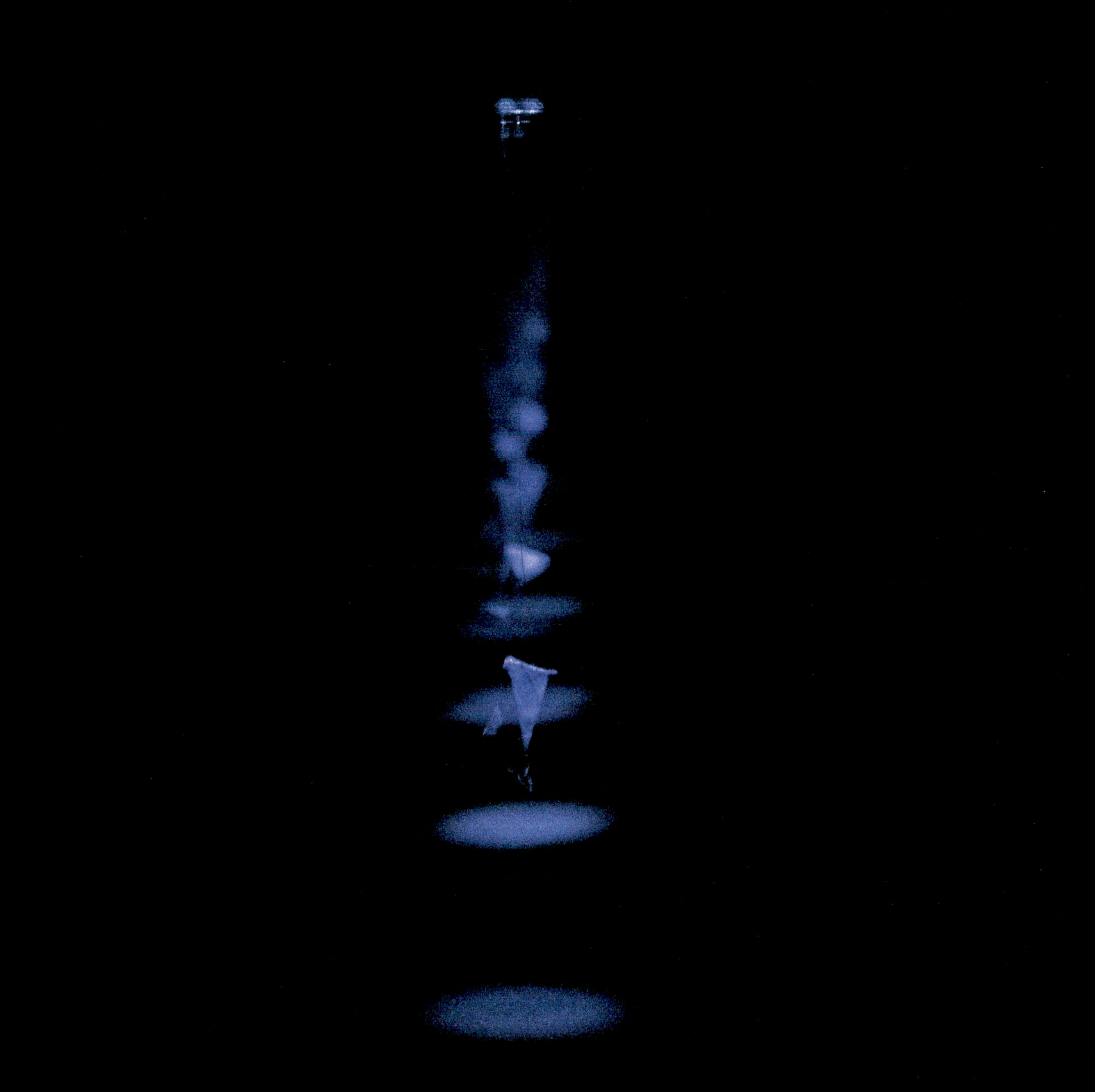

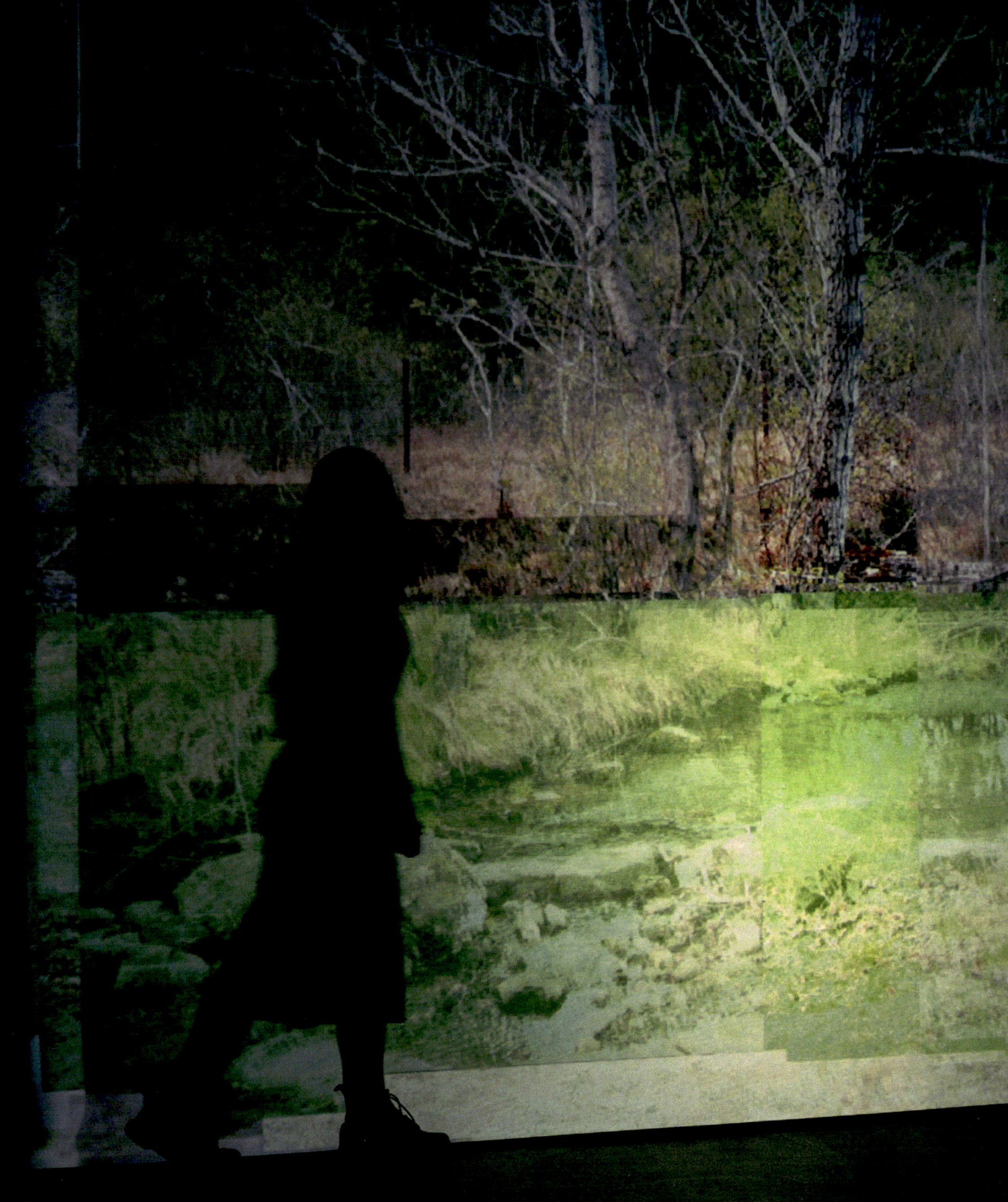

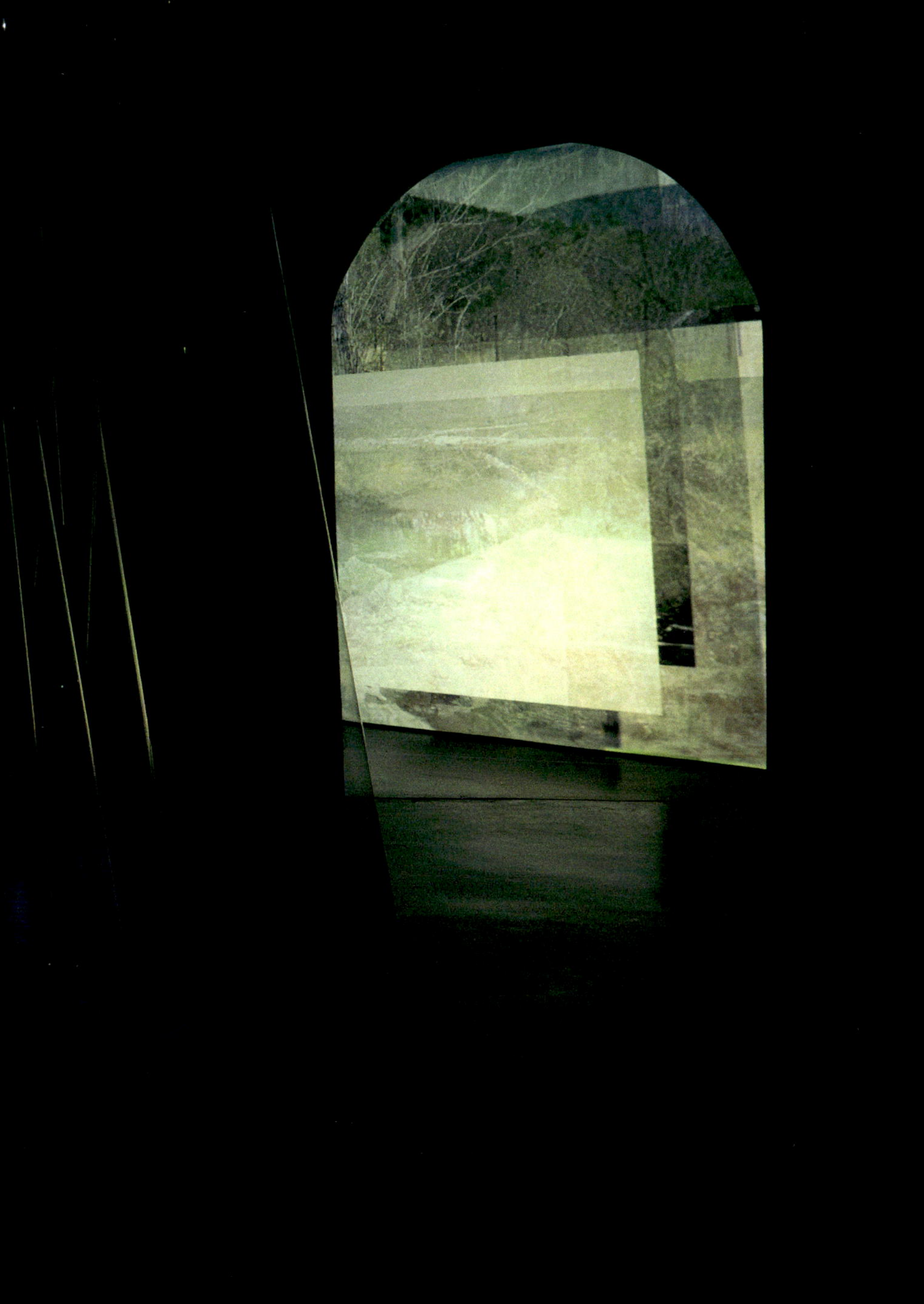

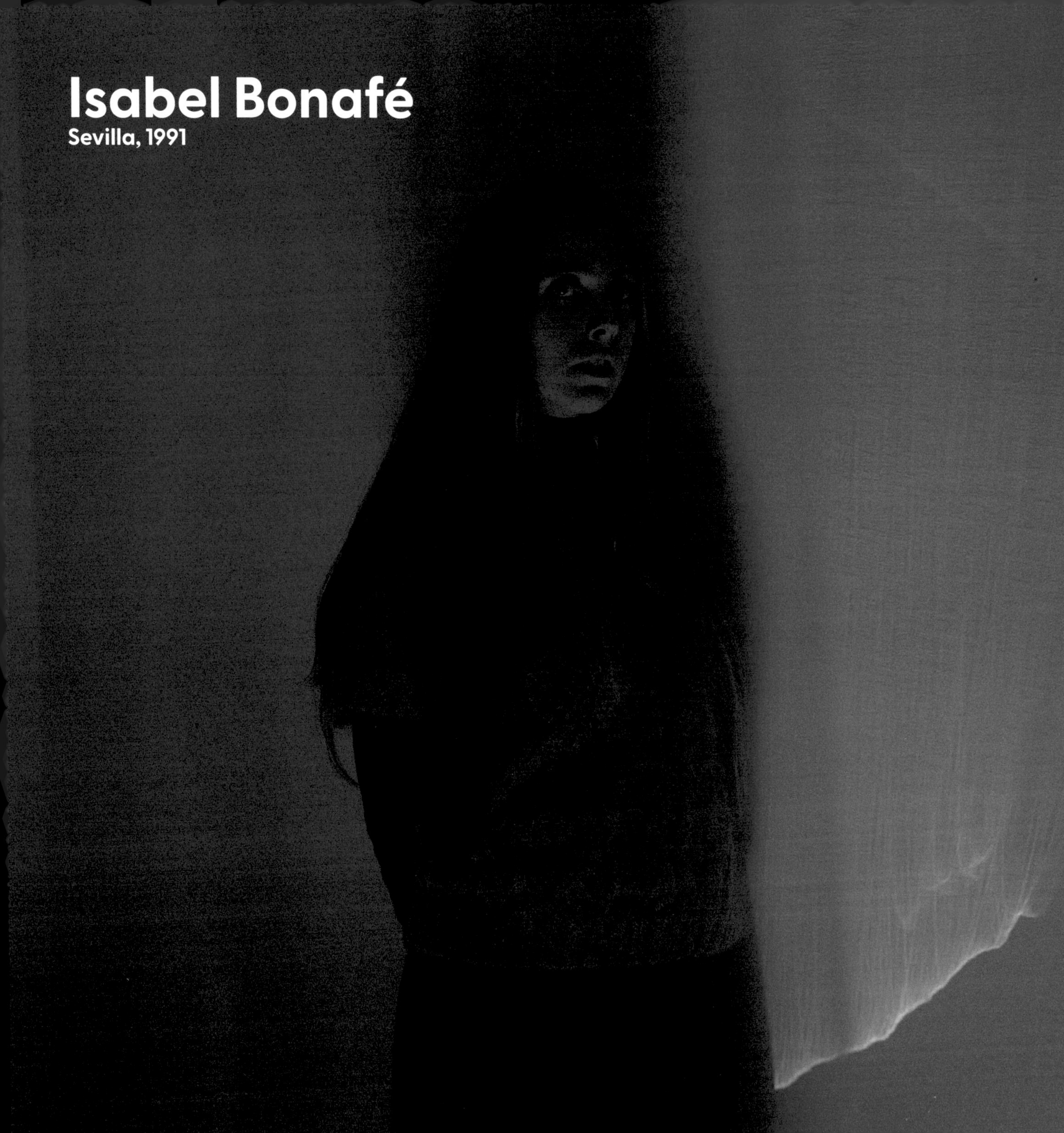
Isabel Bonafé
Sevilla, 1991

Graduada en Bellas Artes por la Unviersidad de Sevilla en el año 2014 y postgraduada en Fine Arts por la Universidad de Saint Martins de Londres en 2019. Vive y trabaja entre Sevilla y Londres. En 2024 ha sido seleccionada para el Premio Miquel Casablancas Sant Andreu Contemporani, Barcelona; ganadora de la beca Residencias Artísticas Centro de Creación Contemporánea de Andalucía C3A y seleccionada para la residencia NARS Foundation International Arts Residency, Nueva York. Actualmente forma parte de la exposición *'Tablao' escenarios de formas en el arte contemporáneo andaluz*, Centro Andaluz de Arte Contemporáneo, CAAC.

En su práctica actual trata de relacionar el modo en que percibimos y convivimos con las imágenes virtuales y ciertos fenómenos físicos que cuestionan nuestro sentido común y nuestra experiencia ordinaria. Partiendo de elementos comunes a ambos mundos, como son los relativos al electromagnetismo y a la óptica, a la luz y a la visión, crea instalaciones que parecen desdibujarse en el límite entre lo físico y lo virtual, y que hunden sus raíces en problemáticas relacionadas con la memoria, la presencia y el estatus ontológico de los medios fotográficos.

Bonafé graduated from the Universidad de Sevilla with a BFA in 2014 and completed an MA in Fine Art at Central Saint Martins, London, in 2019. She lives and works in Seville and London. In 2024, she was shortlisted for the Miquel Casablancas Sant Andreu Contemporani Prize in Barcelona; she was awarded an artist's residency at the Centro de Creación Contemporánea de Andalucía (C3A); and she was selected for the NARS Foundation International Arts Residency in New York. At present, her work is featured in the exhibition *Tablao. Escenarios de formas en el arte contemporáneo andaluz* at the Centro Andaluz de Arte Contemporáneo or CAAC.

In her current practice, Bonafé attempts to associate the way we perceive and coexist with virtual images and certain physical phenomena that challenge our common sense and our ordinary experience. Using elements common to both worlds, like those involving electromagnetism, optics, light and vision, she creates installations that seem to blur the boundary between the physical and the virtual and are rooted in issues related to memory, presence and the ontological status of photographic media.

The Wind Always Returns and the Light Never Ends

Bea Espejo

Isabel Bonafé knows that the journey doesn't begin when we set out or end when we reach our destination, which is probably why she tends to jump around, obeying the deep-seated instinct of rootlessness that makes her feel more comfortable in transitional states. In upper secondary school, drawing prompted her to switch specialisms from science to fine arts, and her encounter with photography and video at university led her to London, where she stumbled upon the installation art in which she recognised herself as an artist. Her working process is just as fragmentary as her way of seeing, living and experiencing the world around her, intuitive and chaotic in equal measure. To borrow Rosi Braidotti's analogy, each of her projects is like a camp: they leave behind traces of the places she has traversed, in an ever-changing landscape.

Hers is in Seville, where she was born into a family that shares the same artistic cosmology. Her grandparents, Carmen and Bernardo, were musicians, and some of her granduncles and grandaunts on both her mother's and father's side were also artists: one was an actress, another a pianist, and another a writer. Her father is an architect, but she has long believed that he should have been a visual artist or musician, and although her grandmother Isabel has always been a housewife, she also had a very special sensitivity. Bonafé dedicated the project developed during a residency at the C3A in Córdoba, En un pensar [In a Think] (2024), to her, although this interest has been a long time in the making. Ever since she was small, she has been observing how her grandmother always has a napkin in her hands and unconsciously twists it into different shapes before tucking it in her dress sleeve and resuming her daily duties. Isabel has been photographing this simple gesture for years, composing a landscape that begins long before the image and practically never ends.

The ideas come from there, from very powerful emotions that become detached over time and scatter throughout her body. Snippets of things or situations that she sees every day, that come up in conversations or that she encounters in exhibitions or books. There is plenty of reading material on her desk. Gilles Deleuze, Maurice Merleau-Ponty, José Val del Omar, Chantal Akerman… Her intellectual horizon has more to do with issues related to memory and the ontological status of the photographic image. Her library is stocked with volumes that have been underlined, reread and filled with margin notes, like a diary with no more space left to write in. There are also notebooks where she compiles thoughts, drawings and quotations that live in a different, much slower time. Sometimes they act as maps to provide guidance on her projects, although ideas evolve in the studio when she experiments with materials: paper, polyester and light. "Even though the leitmotif remains the same," she explains, "I've tried to gradually refine my ideas, materials and production method. Get closer to what I want to express with less. While the verbal language may be quite disjointed in my head, it's during the process when I connect with what I want to say, even before I can name it. It reunites me with the emotion which I once knew how to define but has already intermingled with the present, and all that remains of it is a latent heartbeat."

In that language, above all, is the desire to reach the heart of the photographic image and destroy its "record" status. That is her road map: "to bring the virtuality of the screen into physical space, question the appearance of things, work with the presence of absence, make installations that must be observed by a physically present body because its essence is impossible to record," she adds. This happens in *Messages of the Collision* (2024), her project for the Iniciarte programme. It also has to do with a journey, another grandmother, Carmen, and the village in which she was born and raised: Yanguas, in Soria province. We mentally ran through it like a maze, reviewing her entire artistic practice, going back and skipping forward in a conversation open to the magic of deviation.

—What was the starting point of this project?

—*Messages of the Collision* grew out of a broken hard drive that contained landscape photographs I had taken in and around Yanguas, my grandmother's village. When I accessed the drive, I found that most of the image files were unreadable. I could open some of them, but a lot had glitches, i.e., visual damage. I created an algorithm with the help of my cousin Javier, who's a programmer. Rather than focusing on the spectator's visual attention, our aim was getting the image of the landscape (the algorithm) to detect visitors. Once the algorithm detected people, it tried to put the landscape back together using the corrupted image files that we managed to save from the hard drive, as if retrieving a rusty old memory. Just as the nuances

of a memory vary slightly every time we remember it, so the algorithm's quest to complete the image of that landscape is never exactly the same. It is similar, true, but viewers will never see the same thing. Like with our own memories.

—When you came across that hard drive, you were doing a residency at a London studio called The Koppel Project Hive, after attending Saint Martins University, right?

—Yes. They gave me a space in the basement of a gallery. I remember that it was big and very damp, and you could hear the tube trains passing. The whole place shook. It had a very peculiar smell and was quite cold. In that space, I imagined what it would be like to walk through a broken hard drive: the alleys and passages I would have to navigate before reaching the lost image, an irretrievable landscape, and what would happen when I did find it.

— And did you?

—The image of the landscape is never actually discovered. It doesn't progress past the *attempt to*, an infinite trajectory.

—It's interesting that you mentioned the underground space beneath the London tube and the sound that penetrated those walls, because sound is also quite important in *Messages of the Collision*.

—It's the most intense part. Not everyone can stand to listen to it for long, but I think it's amazing. It's the sound the hard drive makes when trying to retrieve data. I recorded it with a contactor coil that picks up electromagnetic activity.

—This project is directly related to two earlier ones, *The 'Gerund of Touch'* and *Quark*.

—For *The 'Gerund of Touch'* I generated a forerunner algorithm called *Quark*, which sought to destabilise the relationship between a photograph and the act of contemplating it. *Quark* was the heart of photographs that automatically generated random, unrepeatable transformations whenever someone looked at them and reverted to their original state as soon as the contemplation ceased. In this way, the link between image and memory disappears: the image bears no resemblance to its photographic model or even to itself, and its appearance does not remain stable over time but mutates randomly, thereby negating the stability of the photographic image that tempts us to regard it as a memory. That project was when I started working with rock prints to produce *trompes l'oeil* and with light to create small thresholds leading to optical illusions, but in *Messages of the Collision* I became more interested in creating spatial interventions that raise doubt, question what is and isn't, and encourage spectators to stop, observe and try to decipher what they are seeing.

—*Messages of the Collision* is based on corrupt data, on what is useful and what is not, as well as the notion of error. How are all these ideas intertwined in your works?

—Right now, almost all images are digitally archived, and a digital archive tends to fill up the device's storage due to its immediacy and accessibility, facilitating the accumulation of data. Our smartphones often ask us to "manage files and free up space". When that happens, we have to choose which images to delete and which to save. Sometimes we come across photos we've never even seen, and we frequently end up deleting files at random.

This was what piqued my interest and inspired me to investigate useful and useless information. What interests me is the latent data that remains when we delete images from devices. That prompted the research which I began with *The 'Gerund of Touch'* and am still pursuing today. My goal is to retrieve that data and use it to create a constantly shifting image, like recreating memories from the embers of oblivion. And that's what the *Quark* algorithm does. That's why I also work with rocks. Although we perceive them as solid and immutable, rocks do slowly change over time. In the end, it all comes down to how we reconstruct memory. Information about the useful, useless and erroneous are key variables in the equation.

—Let's talk about *Quark*. It was one of your first major projects and, at the time, was connected to your interest in photography.

—At that juncture, my relationship with photography was very tense; it was deteriorating, withering. I was asking too much of the photographic medium. I was expecting photography to intrinsically be the guardian of my memories and keep something alive that no longer existed. And it turned out that the photographs I had didn't match or weren't true to what I remembered. That was when I began to feel the need to penetrate the heart of the photographic image and alter it from within, to make it more accurately reflect my memories or at least shatter its link with representation. An analogue photograph is both an image and an object, but a digital photograph is an image that can have multiple bodies. That allowed me to open up the photograph and reveal both sides of the image: the visible face, the visual representation of what the camera captured; and the invisible, interior facet, the sum of bytes that make up the photograph. For me, this was the magic I found in the digital field: it gave me the chance to delve into the image and recreate it. That's how The 'Gerund of Touch' came into existence.

—Your oeuvre is very circular. Your projects are like pieces that fit together, where there is not a single message but layer upon layer of information. What are you trying to say?

—I tend to plumb the depths beneath the surface of things, to question the binary relationship between an object and its appearance, between visible and invisible, tangible and intangible, physical and the virtual, two-dimensional and three-dimensional. I increasingly seek out what doesn't want to be seen, optical illusions, things not perceptible at first glance, objects that must be observed over time in order to decipher them, things that require serenity and patience. I try to challenge appearances, to have the sensation of touching with the eyes. Where a distance of just one centimetre can change the perspective of what you see. Where your eyes adjust to seeing in an environment to which they aren't accustomed.

—Reading between the lines, you're talking about time and memory...

—I suppose those themes stem from my interest in the complex nature of reality and my experience of existence, the finite or death. In the end, not even memory remains. Recollections also fade, sooner or later, and are eventually forgotten or disappear.

—This approach to memory, is it your way of preserving it?

—Rather than preserve it, I think that what I do is confront it. Confront its intangibility, its subtle changes that play tricks on us, the fact that it's all that remains of the past and will not stand the test of time. I suppose it's a fear of nothingness that drives me to explore the complex nature of a recollection. Memory is our only remaining bridge from the void left by what no longer exists to nothingness.

—Light is fundamental in your installations. Tell me why.

—The visual oddities and surprises that can emerge from light's encounter with the world around us seem magical to me. I would go as far as to say that light is the key to my entire oeuvre. When I'm creating an installation, it's a very slow process that requires a lot of patience and focus. I have to keep trying until I find the exact spot where the light does what I want. If I shift it by so much as a millimetre, everything changes, and putting it back in precisely the same spot is impossible. That knowledge both terrifies and delights me, although sometimes in the process I lose magical moments that I can never get back. That's why my work can never be assembled in the studio and shipped to a venue. I know it may sound like torture, but I find it thrilling, and it has a lot to do with the volatility of the concepts I work with.

—I'm thinking of the optical illusion that has to do with light, but also with the ontological status of the photographic medium. It seems like a perfect match.

—We exist thanks to light. Depending on how it falls on my coffee cup every morning, my eyes perceive that cup differently. There are so many possible ways of seeing something, thanks to the reflection and refraction of light... And the light visible to us is only a small fraction of the electromagnetic spectrum. I find it amazing that our everyday lives consist of these wonders. We're so used to it that we take it for granted. I'm fascinated by the optical world that exists in the overlapping images seen through a train window. Or how I suddenly see an illuminated building in my bedroom window that looks real but isn't actually there, because it's standing outside the living room window. Or how the sunlight that filters through the slits in the blind reveals all the particles floating in the room. Sometimes I see a virtual image, a reflection, as something physical and palpable. At other times, I perceive the physical as virtual and intangible. Human beings have always tried to record important moments in their lives. And photography has proved to be both an accurate and a dangerous tool. We've gone from creating pictures that help us remember to experiencing the world in pictures. We can't fight the fleetingness of the present. I think my obsession with trying to preserve the past has led me to create pieces that can only be experienced in the present, in the physical setting of the exhibition space, as it is impossible to record the optical illusions that viewers have when observing them.

—Olafur Eliasson said that in order to understand, inhabit and evaluate space, it is crucial to recognise its temporal aspect. Space does not simply exist in time; it is *of* time. Do you agree?

—Totally. We are temporality, and when we cohabit and perform more or less routine actions in places, especially the most private ones, we recreate ourselves and are recreated by them. We are in a constant, shared state of flux. The physical intertwines with the emotional, the grey area between the tangible and intangible. We have memories associated with spaces that may only surface when we are in that place or in a conducive setting. I like to work with specific purpose and create installations that require observation and delibe-

ration, forcing viewers to choose how they will walk around a piece, because without the presence of the human eye and its ability to distinguish optical subtleties, the work is incomplete. Creating a piece in a particular place makes it *of* that place, its morphology and, consequently, the people who frequent it.

—There is another idea that seems to run through all your projects, a kind of "revelation", which is also related to the issues of perception and fiction…

—I've always been interested in the hidden, what is not apparent at first glance or requires lengthy observation in order to be detected. What really motivates me is trying to create pieces in which spectators can see what is apparently there in one superficial, sweeping glance, but discovery is reserved for those who observe. For instance, I'm seeing this a lot with *La luz no colma el vacío, lo ahueca* [Light Does Not Fill the Void, It Hollows It] (2024), the installation I made specifically for the exhibition *Tablao. Escenario de formas en el arte contemporáneo andaluz*, in the chapel of San Bruno at the Centro Andaluza de Arte Contemporáneo, Seville. Visitors who give it a cursory glance only see a conical structure rising to a height of nearly seven metres. The ones who take time to stroll through the chapel and observe discover what's hidden inside the niche.

—That ties in with the specular, which appears in your oeuvre quite literally at times and more subtly at others. Why?

—Hovering on the surface of a mirror is like being in a twilight zone, a grey area. That interstice is what interests me: the grey area between what is and what we see. The specular can predispose spectators to tricks of perception and different interpretations of reality. And this leads me to embody concepts like weightlessness, trompe l'oeil, absence, the deceptive materialisation of virtual elements, the transformation of appearance and fragility.

—Reflecting on what art can reveal or unveil leads to a discussion of the real, now rooted in the realm of the fake. What is your position on this?

—I think we've created a gigantic, tangled reel of information about both photographic and AI-generated images that degenerates into a constant questioning of truth and representation. I try to make pieces which, instead of revealing "a truth", remain in ambiguous territory, where the same reality can have multiple appearances and perspectives. I don't want people to seek the logic in what they see; I want them to doubt what's there. I want there to be suspense, magic, bewilderment. I want pausing and paying attention to stimulate imagination.

—Critics say that you analyse what lies behind what we see. Have you discovered what that is?

—According to the English anthropologist Tim Ingold, surface gives us all the information without having to dig any deeper and, if we take those things out of context, their surface reveals a hidden, concealed, latent, underlying information or reality… This breaks the link equating surface with superficiality. Consciously perceiving what I see, touching it with my eyes, feeling the particles of its composition… those are basic elements of my working process in the studio. That's what I'm really after: I want details of my work to lead spectators to what lies beneath without ever leaving the surface.